JN089147

お金も知識も自信もない私に、稼げる副業を教えてください!!

宮中清貴

かんき出版

はじめに

「副業」を知ると、人生の新しい道筋が見えてくる

「もっと自由にお金を使いたい」

「仕事にやりがいはあるけど、家族との時間や自分の時間もほしい」

「この仕事をこのまま続けても、給料は増えない。将来も見えない」

　本書を手に取ってくださった方は、こんな悩みを抱えていないでしょうか。上がらない給料、子育てや介護、突然のリストラや倒産のリスク、老後2000万円問題……。考えると不安になるようなことは、山ほどありますよね。ですから、「収入をどうにかして増やしたい」「複数の収入源があったら安心できる」と考えるのは、自然なことだと思います。

　ここで多くの人は、その解決方法として、残業を増やしたり、アルバイトをすることなどを選びがちです。

　しかし、これらの選択肢では、根本的な解決には繋がりません。なぜなら**時間を切り売りして収入を増やしても、使える時間、稼げる金額に限界がある**からです。

　では何を選べばいいのか。そんなあなたが選ぶべき選択肢が、**「副業」**です。ここで言う副業とは、自分でビジネスを行うことを指します。

　副業を始めることによって、不安を払拭するだけでなく、お金の問題で制限されていたことから、もっと自由になれるはずです。

　そうは言っても、「自分でビジネスを始めるなんで、無理でしょう」「自分には稼ぐ力はないし、お金になるような特技も、知識もない。何かあったとしても、それでお金を稼ぐ自信なんてゼロだよ」

　そう思われるかもしれません。

　ですが、幸いにも今、世の中は副業ブーム。国が副業・兼業を推進し、複数の企業が、簡単に副業をするためのツールやサービスをリリース。コロナ禍によるテレワークも相まって、"オンラインで手軽に始め

られる副業"が急速に広まっています。

　はじめまして、僕は宮中清貴と言います。

　これまで5000人を超える主婦やフリーター、会社員、個人事業主、法人に、SNSの活用法や集客方法、セールステクニックを伝えてきました。

　僕のところへ学びに来てくださる方、依頼してくださる方の多くが、「自分には何もない。平凡な人間だ」と思いながらも門戸を叩いてくださいます。そして、ご自身の**経験や好きなことから"ビジネスのタネ"を発見し、"人のお役に立ちながらお金を得る方法"**を最終的に身につけていかれます。

　彼らを見ていると、副業は収入を得るただの"手段"ではないと感じます。なぜなら、やがてその副業が、**生きがい**になったり、（会社員を辞めて）**本業**になったりして、その方の**人生の"新しい道筋"を照らしている**ように見えるからです。

　本書は、将来に漠然とした不安を抱えた会社員のはじめくんが、「副業って、ビジネスって怪しい」と思いつつも、僕、宮中と出会って、何もわからない状態で副業を学ぶところからはじまります。

　どうやれば自分の好きなことや経験を活かしてお金を稼げるのか、具体的に何をやればいいのか。そんな、僕が実際に生徒さんやお客様にお伝えしている内容を、そのまま会話形式で解説しています。

　「副業の本を何冊か読んだけれど、どうすればいいかわからなかった」
　「これまで何も続いたことがない」
　「副業でビジネスをやるって、怪しそう」
　そんな方こそ、ぜひ最後まで読み進めてみてください。
　あなたの眼の前に新しい世界が開き、自由度が高く、可能性に満ち溢れた毎日を過ごせるようになるはずです。

宮中清貴

本書の特徴

❶ 会話形式でわかりやすい

副業素人のはじめくんと褒め上手な宮中先生の会話形式だから、知識ゼロからでも、読みやすく理解しやすい！

❷ 5000人以上の指導実績！

主婦やフリーター、会社員、個人事業主など、5000人以上に指導し、結果を出してきた方法だから誰でも成功しやすい

❸ コンサルを体験できる

はじめくんへの具体的なコンサル内容を知ることができるので、自分に照らし合わせて理解できる

❹ 自分に最適な副業がわかる

はじめくんと一緒にワークに取り組むことで、これまで気づかなかったあなたの得意なことや才能が導き出され、最適な副業が手に入る

❺ 必要なワークやポイントが探しやすい

ワークや重要なポイントが、わかりやすくピックアップされているから、やるべきことが一目瞭然！

登場人物紹介

宮中先生

SNS を使ったビジネスの組み立て方や集客方法を教えるコンサルタント兼、起業家。幼い頃から太りやすい体質で、社会人 2 年目に 10kg の減量に成功。自身のダイエット方法を SNS で教えるビジネスをはじめ成功を収める。
ひょんなことから、はじめくんに副業の授業を行うことに。

田中はじめ

さえない営業職サラリーマン。営業成績はいつも最下位争い。後輩には " はじめちゃん " と呼ばれ、いじられる日々。今後の社会人人生と上がらない給料に、将来を憂いている。趣味は PC とゲーム、カメラ、YouTube 視聴で、彼女なし。

はじめに 「副業」を知ると、人生の新しい道筋が見えてくる ……………………… 2

本書の特徴 ………………………………………………………………………… 4

登場人物紹介 ……………………………………………………………………… 5

購入者限定！無料特典 …………………………………………………………… 12

1時間目 あなたが月5万円を稼ぐ流れを知ろう！

■ 副業の"ホントのところ" ……………………………………………………… 14

■ 好きなことで稼ぐことに"怪しさ"を感じる理由 ………………………… 18

■ 副業を成功させる考え方を身につける …………………………………… 22

■ 副業をしないとこれから大変な人生になってしまう理由 ………… 27

■ 成功するための"パターン"がある ………………………………………… 30

副業の成功パターン …………………………………………………………… 31

1時間目まとめ …………………………………………………………………… 35

2時間目 稼げる副業の全体像を知ろう

■ 副業はリスクなく誰でもカンタンにはじめられる ……………………… 38

■ 好きなことや経験でお金をいただける ……………………… 39

■ スキルシェアサービスで販売されている商品や
サービスを調べてみる ……………………………………… 42

■ SNSで副業をしている人を見つけてみよう！……………… 45

■ 副業をして"自分はどうなりたいのか"を決める ………… 47

■ 目標達成のコツ ……………………………………………… 50

　2時間目まとめ ………………………………………………… 52

3 時間目　あなたの中の副業のタネを見つける

■ スキルシェアサービスを調べてみると見える世界が変わる ………… 54

■ 誰もが、"人の役に立つコンテンツ"を持っている ……………………… 56

■ 自分らしく稼げるビジネスは「棚卸し」からはじまる ……………… 58

あなただけの売りやすい商品が見えてくる7つの質問……………… 58

　3時間目まとめ ………………………………………………… 73

4 時間目　副業のタネを商品にする方法

■ 市場を調査してみる
（インスタ、note、FB、ココナラなどのスキルシェアサービス）……………… 76

■ 商品・サービスを購入してみる ………………………………………… 81

■ まずは低価格で提供できるサービスをつくってみよう！ ……………… 84

■ 副業の一番カンタンなはじめ方 ……………………………………… 89

■ 自分のロールモデルを10人見つけよう ………………………………… 92

■ ロールモデルの分析ポイント ………………………………………… 95

■ 商品作りに必要な3C分析とは？ …………………………………… 99

■ お客様はあなた自身とあなたの商品サービスには興味がない …… 102

■ 「お客様自身よりもお客様を知る」質問 …………………………… 106

■ 実際に商品やサービスを作って販売してみよう！
　〜スキルシェアサービスの商品とSNSで販売していく
　商品の違い〜 ………………………………………………………… 114

■ 魅力的なタイトルを考える方法 …………………………………… 126

4時間目まとめ …………………………………………………………… 130

5 時間目　商品の販売と集客のしくみをつくる

■ 副業を有利にするSNSの活用法 …………………………………… 132

■ SNSのプロフィールを設定する ……………………………………… 135

■ アイコン画像を設定する ……………………………………………… 137

■ スキルシェアサービスに登録しよう ………………………………… 138

■ スキルシェアサービスで実際に出品・販売してみる ……………… 139

■ ビジネス活用のSNSの全体像 ……………………………………… 140

■ 認知を増やすためには「投稿の質」が重要 ················ 152

■ SNSから評価が高いアカウントはより人気になる ··········· 157

■ あなたの発信で救われる人がいる ···················· 161

■ リストへの発信の仕方とは? ························ 164

■ どんなリストを集めていけばいいのか? ················· 166

■ LINE公式のリストの集め方(友だち登録)とは? ············ 169

5時間目まとめ ································· 172

6
時間目
LINEのステップ配信で「気づけば売れてる!」

■ LINEのステップ配信と、その有効性 ·················· 174

■ ステップ配信の設定方法 ························· 179

■ たった9通の自動LINEステップで売上アップ ············· 182

■ **1通目** 友だち追加時のプレゼント配布と簡単な挨拶 ········ 187

■ **2通目** プレゼントのリマインドと自己紹介(1日後) ········· 188

■ **3通目** 追加の価値提供と成功事例を共有する(2日後) ······· 189

■ **4通目** プレゼントの再リマインドと
自分のストーリーの公開(3日後) ············· 190

■ **5通目** 具体的な自分の仕事内容について(4日後) ········ 191

■ **6通目** 相談ができることをほのめかす(5日後) ·········· 192

■ **7通目** 募集のご案内を送る(6日後) ··············· 195

■ **8通目** 定員まであとわずかであることを伝える(7日後) ······ 199

■ **9通目** 終了の案内（8日後）··· 200

6時間目まとめ ··· 201

7時間目　「欲しい！」を引き出すセールス力を身につける

■ 個別相談でのセールスの仕方を知っておく ······················· 204

■ セールスとはお客様を幸せにするもの ······························· 205

■ 上手なセールスと下手くそなセールスの違いとは？ ··············· 208

■ 個別相談でのセールスの流れ ··· 211

7時間目まとめ ··· 217

ホームルーム　よくある質問にとことん答えます

■ うまく稼げない人がハマっている落とし穴
　〜なかなかうまくいかないときにどんな考え方をしたら
　いいのか？〜 ·· 220

■ 友人や家族の反対があったり、否定的な意見を言われます ······· 222

■ 発信の"ココ"を見ると、ビジネスの実態がわかる ··················· 224

■ 無料で公開されている範囲だけでも稼ぐことはできる？ ············· 225

■ "自分では気づけないこと"にどうやって気づくのか ·················· 226

■ 副業仲間の必要性と見つけ方 ……………………………………………… 227

■ 副業を学ぶ講座、塾と先生の選び方……
　受講するなら、どう選ぶ？ …………………………………………………… 228

■ 50万円の集客システム、100万円の塾……
　1000万円以上を使って見えたもの ……………………………………… 230

■ "捨てないと"幸せになれないもの、"捨てる"ことで
　より幸せになれるもの ……………………………………………………… 232

■ ビジネスが右肩上がりでうまくいくために、本当に大切なこと …… 233

■ はじめくんに本当のことを伝える時間 ………………………………… 235

おわりに　行動する人が結果を手にする ………………………… 238

ブックデザイン　　OKIKATA（山之口正和、斎藤友貴）
イラスト　　　　　島田あや
DTP　　　　　　　小林祐司
企画・編集　　　　時奈津子

購入者限定！無料特典

**本書の内容をすぐに実践して
売上に繋げたい方必見!!**

ゼロからたった 30 日間で
テンプレートを活用し
SNS で売上を作る方法の全体像がわかる
特典を無料プレゼント致します!!

〈30 日マネタイズプログラム〉
①完全攻略ガイドブック（PDF）
②完全攻略動画講座（約 30 分×3 本）

下記の QR コードからリンク先へアクセスし
登録をしてお受け取りください。
本書購入特典として無料でプレゼントいたします。

ぜひ副業の成功、
ビジネスの売上アップにご活用ください。

https://lasdy-lp.net/lpd/tokuten-fukugyou/

1 時間目

あなたが
月5万円を
稼ぐ流れを知ろう！

ようこそ副業の世界へ！
好きなことで稼げる！　なんてよく目にするけど怪しくないの？　実際
のところはどうなの？　そんな疑問を解消するところから、どうすれば
あなたがお客様に喜ばれながら月5万円の副収入を得られるかを、具体
的に解説します。

副業の"ホントのところ"

（ピンポーン）

 はーーい！

 は、はじめまして……。Aさんの紹介で来た、田中はじめです。

 Aさんから話は聞いてますよ。どうぞー！

 ありがとうございます……。

 Aさんから、はじめくんが僕に聞きたいことがあると聞いているんだけど、どういうことが知りたいのかな??

 実は……。僕は今、会社員なんですが、将来に不安があるんです……。給料は上がらないし、先輩や上司に見本になるような人もあまりいないし、**今の会社でずっと働いていても、いい未来は見えてこない**んです……。今は営業の仕事をしているんですが、成績も良くなくて後輩には追い抜かされるし、向いてないんじゃないかなと思ってます……。

最近は、「老後のために投資を始めないとダメだ」とか、「会社は当てにならないから副業を始めたほうがいい」とか、いろいろ言われていて……。どうしたらいいのかわからないときに、Aさんと久しぶりに再会したんです。

そうしたら、**Aさんは副業をやっていて、月に5〜10万円の副収入がある**って言っていました。その副業のやり方を宮中さんに教えてもらったって聞いて、お願いして宮中さんを紹介しても

らったんです。

宮中さんは**5000 人以上の人に教えていて、教わった人がたくさん成功している**って聞きました。副業で成功する方法を教えてほしいです。

なるほど。不安を打ち明けてくれてありがとう！　今は、主婦も会社員も将来に不安を抱えている人がたくさんいるよね。そんな人たちの話をたくさん聞いてきたから、気持ちはよくわかるよ。

はじめくんがこれからやるべきことは、**自分の力で稼ぎ出す力を身につける**こと。

将来のために、節約して毎月 3 万円の貯金をするよりも、たとえば**月に 3 万円を自分の勉強代にして、5〜30 万円のお金を毎月稼げるようになったほうが、将来に残せるお金も大きくなる**。**それを今すぐに実践**するとしたら、副業を始めるといいんじゃないかな。

貯金と自己投資、それぞれの 10 年後

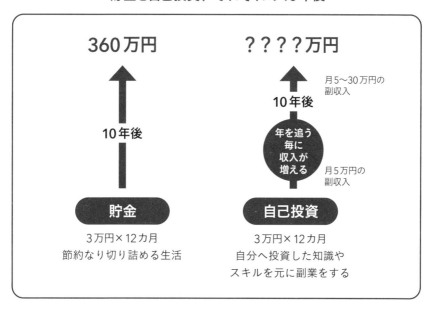

そして**副業がうまくいくように努力することで、ビジネスマンとしての能力や人間的魅力が増していく**から、自然と会社でも成果を出せるようになるし、人間関係も良くなる。いいことばかりなんだよ！

そうなんですか!?　自分で稼ぐ能力……。できるなら身につけたいです……。でも、先生がおっしゃっているのは、アルバイトではなく、何かのビジネスをやる副業ですよね。こんな僕がビジネスをやって収入を得ることはできるんでしょうか。本当にそんなにうまくいっている人がたくさんいるんですか？　ちょっと不安です……。

自分にできるか不安になるのは、当然だよね。
自分がうまくいくようなイメージはできないだろうし、知らないことも多いだろうからね。少しずつやり方を伝えていくから安心してくれ！
たとえば今、**日本では10〜20％の人が副業をしている**というデータがあるんだ。10人に1人か2人は副業をやっているということになる。このデータだけでも、たくさんの人が副業をやっているってことがわかるよね。
アメリカの場合、フリーランスと呼ばれる**"会社に属さず個人で稼いでいる人"は35％、副業の経験をしたことがある人は50％**くらいいるというデータもあるよ。
日本では、2018年から副業が解禁されたから、これから日本もどんどんそういった流れが強くなっていくだろうね！

日本でも10人に1、2人……。意外と多くの人が取り組んでいるんですね！　そう言えば、先生を紹介してくれたAさんだけじゃなく、友人のBくんやCさんも副業をやっているって言っていたのを思い出しました。

日本では10〜20%の人が副業をしている

副業

そうだね。はじめくんの友人全員に聞いてみたら、実は話していない
だけで、もっといるかもしれないね。

これからどんどん副業をする人の人口は増えていくと考えると、少し
でも早いうちに始めておくほうがいいよ。**少しでも早く始めるほ
うが、より成功しやすくなる**からしっかり学んでいこうね！

はい！　わかりました。よろしくお願いします！

好きなことで稼ぐことに“怪しさ”を感じる理由

 ところで宮中さん。いきなりですが……。

僕、正直に言うと、「好きなことで稼げるよ！」って言っている人って「なんだか怪しいなぁ」と思ってしまうんですよね。本当のところ、どうなんでしょうか？　悪いことはしてないですよね？

 そうか、怪しく感じるんだね（笑）。

でも、僕の生徒さんや、僕の知る副業や起業をしている人たちは、みんな真面目に自分の好きなことや経験を活かして稼いでいる。

自分の経験や好きなことが、困っている人の力になったり、喜ばれたりして社会貢献になっているんだよね。

悪いことなんて全くしていないから、安心してほしいな。

 好きなことをして社会貢献……、ですか？

 そうだよ。みんな本当に喜ばれながら稼いでいる。

確かに副業や起業、フリーランスで稼ぐことを怪しいと思っている人は、はじめくんに限らず多いと思う。

でもそう思ってしまうのには、理由があるんだ。それは、**人間は、「知らないことを嫌う生き物」**だからなんだよ。

 どういうことですか？

 人間が**知らないものに対して恐怖や違和感を覚えることは、動物の生存本能として当然のこと**なんだ。既に知っているものだけに囲まれていれば危険は少ないけど、未知のものにはどんな危険があるかわからないからね。たとえば、はじめくんは、猫が人間にとって怖い生き物

ではなく、安全だってわかるよね？

 はい、わかります。

 でも、猫を知らなくて虎を知っている場合、猫も怖くならないかい？

 確かに食べられちゃいそうで怖いです（笑）。

 同じように、**知らないものには勝手に警戒心が生まれる**ものなんだ！

 野生の動物の本能みたいなものですか？

 そう。**動物が持っている生存本能**。本能によって多くの人は、無意識のうちに知らないものを遠ざけようとして、受け入れられなくなる。

だから、ビジネスのしくみを知らない人は、馴染みのあるもの、たとえば会社で雇われることや、昔からある仕事や職業は受け入れられる。 でも、それ以外は、「怪しい（危険）」「やめておいたほうがいい（近寄ってはダメだ）」と否定的に考えてしまうんだ。

そうやって生きているほうが、安全ですごく楽なんだ！

 僕が怪しいと思うのも、本能ってことなんですか？

 そうかもしれないよね。近年一気に増えてきた、自分の経験や好きなことで副業をするといった、これまであまり見聞きしていないものは、特にそう感じやすいと思うよ。

そうしたら、ちょっとはじめくん、1つ質問させてもらってもいいかな？ はじめくんは「インターネット」と聞いて危険だとか、怪しいと思うかい？

インターネットを怪しいなんて思いませんよ。むしろ、ないと仕事でも日常でも困りますし、僕の大好きなオンラインゲームもできなくなってしまうので、生きていけないです。

そうだよね。じゃあ、はじめくんがインターネットを危険だと思わないのはなんでかな？

あって当たり前のものだし、危ないものがあったとしても、そういったサイトとかは、見ないようにしていますからね。

うん。はじめくんもはじめくんの周りの人も、当たり前に使っていて、インターネットに対する知識があるから、危険を感じることはほとんどないってことだよね。だから何とも思わない。
でもたとえば、お年寄りの方で、パソコンもスマホも使ったことがない人の場合はどうだろう？　どう感じるかな？

それは、否定的な人も多いと思います。わからないし、怪しい、騙されるかもしれないって思う人は、多いんじゃないですか？

そうなんだ。だから、**もし何かを"怪しい"とか"危険だ"って否定的に思ったとしたら、まずは一度、それを"知ろうとすること"が大切**だよ。

怪しいと思っていた理由がわかって、納得しました。副業やビジネスのこと、もっと知りたくなってきました！

いいことだね！　このあと詳しく話していくけど、まずは、**副業をしている人がどこにいて、どんな業種があって、どんな商品やサービスを提供しているかを調べて知ること**から始めてみよう。そうすると、企業が商品やサービスを提供するのと同じ

ように、個人が商品やサービスを提供しているだけだと理解できると思うよ。

たとえば、わかりやすいのが料理教室。

料理教室ですか？　姉が通っていましたよ。

料理教室は、大手企業が運営する一度にたくさんの人が学べる教室が多いけど、最近は個人がマンツーマンや2、3人に対して教える教室や、オンラインで教える教室なんかも増えてきているんだ。

え!!　そうなんですか!!　知らなかったです！

トレーニングジムもそうだね。昔はジムで社員として働いているトレーナーに教えてもらっていたけれど、今はフリーランスのトレーナーがジムと契約して、ジムのお客様に教えていることも多い。オンラインを活用して個人で教えている人も増えてきているよ。

そうやって、個人で教えられる時代になってきたってことだよ！

SNSで誰でもすぐに情報発信できるからこそだね！

なるほど、すごくわかりやすいです！　そう考えると僕もオンラインゲームの攻略方法を知りたくて、詳しい人のSNSからブログを知って、実際にお金を払って攻略法を教えてもらったことがあります！

それも、**自分の好きなことや経験を他の困っている人に教えるってことで、立派な副業として成り立ちますもんね！**

そういうことなんですね!!　わかってきました！

そうだね！　自分の実体験と組み合わせていくと、より副業やビジネスの存在が身近に感じられるよね。

副業を成功させる考え方を身につける

 宮中さん、なんとなく副業をしている人が世の中にたくさんいること
はわかりました。でも、やっぱり僕にできるかと考えると現実的でな
いというか……、得意なことも特にないし、難しそうだと感じてしま
います。

 はじめくん、気持ちはすごくわかるよ！　僕も最初はそうだったん
だ。人よりも得意なことなんてないってずっと思っていたし、本当に
たくさんの失敗を繰り返してきたんだよね。だから、いろんなビジネ
スをやったよ。
たとえば、ブログでのアフィリエイト収入、SNSのアプリ開発、FX
投資など、**たくさんのお金を使って試して、実際にやって
みたけれど、全部失敗に終わってしまった**んだ。

 え！　宮中さんもたくさん失敗してきたんですか？　最初からすんな
りうまくいった人だと思っていました。

 今ではたくさんの人にノウハウをお伝えしているけど、全然うまくい
かなかった時期が、僕にもあったよ。
そんな僕と同じような失敗をしないで済む方法があるんだけど、はじ
めくんは知りたい？　それとも、たくさん失敗してから聞きに来るか
い？（笑）

 もちろん失敗したくないので、すぐに教えてほしいです！

 じゃあ、特別に教えてあげよう！　はじめくん、副業を成功させるの
に最も重要なことは何だと思うかい？

うーーん。"才能や人より優れたスキルや知識"を持っていることでしょうか？

はじめくんはそれを持っていると思うかい？

いや、持ってないです。（チーン）

そうだよね。ほとんどの人が"才能や人より優れたスキルや知識"なんて持っていないんだ。でも副業で成功している人は、世の中にたくさんいるよ。**お金を稼ぎ続けるのに一番重要なのは、"才能や人より優れたスキルや知識"よりも考え方**なんだ！

考え方？

そう、考え方。**「成功するために常に意識しておくこと」という意味**だね！
はじめくんはもしかして、今日僕から教わったら、来月には5〜10万円の副収入が得られて、ウハウハする想像をしてないかい？

え！　違うんですか！　そう思ってました（汗）。

やっぱり（笑）。僕も魔法のように、すぐに稼げるようになると思い込んでいたんだ。だから、**1カ月やって成果が出ないことはすぐにあきらめてやめてしまった**。その経験から学んだことの1つは、**副業は長期的に考えて行う**ってこと！

長期的に考える!?

はじめくんは、人生で3、4回だけ10万円を稼ぐのと、コツコツ取り組んで毎月5〜10万円を稼ぎ続けるのと、どっちがいい？

それは!! 毎月稼げるほうがいいですよ!!

 そうだよね! 副業は、長期的に稼ぎ続けられないと成功とは言えない。だから、**長期的な目線で考えることが重要**なんだ。
短期的な視点でしか考えられていないと、成果が出ないとすぐにあきらめてやめてしまうんだ。

 僕も1週間で成果が出なかったら、やめてしまうところでした。

 それは早すぎるよ（笑）。副業をしようと思って取り組む人はたくさんいるけど、成功できない人が多いんだ。なぜだかわかるかい？

 僕の未来を想像してみました。**みんなあきらめちゃうからですか？**

 大正解!!! はじめくんは才能があるね! **ほとんどの人は1カ月くらいやってみて成果が出ないとあきらめてやめてしまうんだ!**
だから副業で成功する考え方の2つ目は、たくさんの人がどんどんやめていくので、**コツコツ続けていれば勝手に成功できる**ってこと。

 コツコツ……、苦手です……。

 わかるよ! はじめくんだけじゃなく、世の中のほとんどの人がコツコツ続けることは苦手なんだ。
はじめくん、過去にスポーツやゲームをやったことはあるかい？

 サッカーを小学生から高校生までやっていました! ゲームは……、今もオンラインゲームにハマっています（笑）。

 じゃあ、サッカーを始めた小学生の頃のはじめくんは、始めてから1

カ月で高校生の頃のはじめくんくらい上手にできたかな？

僕は、小学生の頃、断然下手くそでした……。

そう考えると、新しいことを始めるのに、最初の1カ月で成果が出るほうが、レアなケースだと思わないかい？

確かに……。

それでもはじめくんは、小学生から高校生まで何年も続けたよね！
どうしてそこまで続けることができたのかな？

そうですね。つらかったこともありましたけど、楽しいこともありました。恥ずかしいですが、実は僕、昔はサッカー選手になることが夢だったんです！

素晴らしい！　そうなんだよ！
副業を成功させるうえで2番目に大切なのは、コツコツ続けるためには、**好きなこと、興味があること、得意なこと**に、**目標を決めて取り組む**ってこと。

なるほど。好きなことなら続けられそうな気がします！

そして、もう1つ大切なことは、**時間の問題**だね。

時間の問題？

はじめくんは副業をやる時間を、どうやって作ろうと思ってる？

うーん、朝から夜まで会社の仕事があるので、夜寝る前とか、睡眠時

間を削ってって感じですかね……。あとはリモートワークの日で空いている時間にやると思います！

なるほどね！　でもそれって一生続けていけそうかな？

いや……、そんなに長くやるのは無理だと思います……。

そうだよね。最後に大切な考えは、最初は**1日10分でもいいから自分のペースで毎日取り組む**こと。結局、日々の積み重ねだね！
まとめると、**好きなこと、興味のあることを、副業につながる形で長期的にコツコツ取り組む**ことが、成功する方法だよ！

1日10分からでもいいんですね！　それならやれそうな気がしてきました！

最初から一気に「1日5時間」とか時間をかけても、すぐに続かなくなってしまうと思う。人によって使える時間はさまざまだけど、まずは1日10〜30分、**時間を作ると決めることが大切だ！**
1日5時間サッカーの練習を月1回やるよりも、1日10分練習したほうが身についてうまくなるはずだよね！

はい、わかりました。でも……。1日10分でも何からやればいいのか……。

はじめくん、今日はそれを聞きに来たんだよね。
ちゃんとこれから、何をどんな順序でどのように取り組めばいいのかを、詳しく伝えていくから、安心していいよ。

はい！　ありがとうございます！

副業をしないとこれから
大変な人生になってしまう理由

 ところではじめくん、今回は、最初に教えてくれたように「会社で働き続けていてもいい未来が見えなくて将来が不安……」ということで来てくれたんだよね？

 はい、そうです。ニュースでは「年金問題が」とか騒いでいて、急に**老後に2000万円は必要**だってアナウンスされて……。本屋さんで副業の本、投資の本も読んでみたけどさっぱりでした。
「もうどうしたらいいんだ……」と思っていたときに、Aさんから宮中さんのことを聞いて藁にもすがる思いで来たんです！

 最初にもお伝えしたけど、はじめくんのように将来や会社に不安がある人や、「旦那さんの給料だけで大丈夫かな、心配だけどどうしよう。パートをする？　正社員に戻る？」って不安を抱えている主婦はたくさんいるんだ。
実際に20〜70代の男女に調査したデータがあるんだけど、80％以上の人が「将来に不安がある」、そしてそのうち**60％の人が「お金に不安がある」**と回答しているんだよ（メットライフ生命　老後を変える全国47都道府県大調査　2022年度版より）。
つまり、世の中の2人に1人は、将来のお金に関する不安を抱えているってことになる。

 そうなんです！　**考えれば考えるほど将来の不安が大きくなる**ので、ついゲームをやったり、YouTubeを観たりして、考えないようにしていました……。

 そうだよね。今日は、勇気を出して来てくれてありがとう！

はじめくん。今行動を起こしたことは、はじめくんにとってすごくプラスになると思うよ！　将来どうなるのかわからない、誰も保証してくれないってことだから、すぐにでも副業を始めて収入の柱を複数つくっていくことが大事なんだ。

誰もが知る日本のトップ企業も「もう終身雇用は保証できない」と言っている。ただただ会社員としての仕事をしていればどうにかなるという時代は過ぎ去ってしまったってことだよね。

でも実は、老後資金としての2000万円を貯めることは、そんなに難しくないんだよ。**月３万円くらいのお金を積立投資していくと、25年で2000万円以上の資産にすることができる**とも言われている。また別途お金の勉強をしてみるといいと思うよ。
ただ、はじめくんは今の収入から月に３万円ずつの貯金ができる？

え、月に３万円ですか……。今の給料だとあまり余裕がないので、現実的にはかなり厳しいです。

うん。今の生活から３万円を切り詰めるって、難しいと感じる人も多いかもしれない。
そして、その生活スタイルを続けられるかな。

宮中さん、僕には絶対に無理です（涙）。拷問です……。

そうだよね。もし、できたとしても生活費を切り詰めるばかりのライフスタイルでは、人生を謳歌することは難しいよね。**何のために生きているのだろう……**と考えてしまうよね。
僕は、せっかくこの世に生まれてきたのだから楽しまなきゃ意味がないって思うんだ！

僕も楽しみたいです！

では、月にいくら副収入があったら楽しめそうかい？

 まずは月に5万円収入が増えたらめちゃくちゃ幸せです。

 そうだよね！　月に5万円あれば、週に1回は外食にも行けるし、趣味や習い事だってできるようになる。旅行にだって、今よりもっと行けるようになるよね。
そしてもし、月に10万円くらいの副収入を得られれば、将来のためのお金を十分に残しながら、今の生活をもっと豊かにすることができると思うよ。

 わくわくしますね!!

 そうだね。そうなれるように、1から10までしっかりとお伝えしていくから、頭に叩き込んで行動もしていこうね！

 はい!!　がんばります。

成功するための"パターン"がある

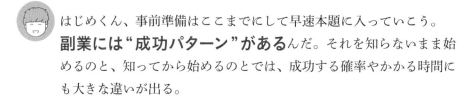 はじめくん、事前準備はここまでにして早速本題に入っていこう。**副業には"成功パターン"がある**んだ。それを知らないまま始めるのと、知ってから始めるのとでは、成功する確率やかかる時間にも大きな違いが出る。

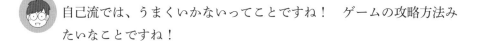 自己流では、うまくいかないってことですね！　ゲームの攻略方法みたいなことですね！

そうなんだよ。うまくいっている人から教えてもらうことや、成功パターンを知ることはすごく大切だね！
たとえば、はじめくんが険しく高い山に初めて登るとしよう。想像するだけで大変そうだよね！
そのとき、100回以上登っているガイドさんと一緒に危険な道を避けて安全に楽しく最短距離で進んでいくか、何も知らずに必要な装備も持たずに1人で山道を進むか、はじめくんはどちらを選ぶかな？

後者は考えただけでもゾッとします。ガイドさんに教えてもらいながら楽しく登りたいです！

そうだよね。だから副業を最短で成功させるための流れをこれから教えていくね！　まずは全体像から入って、そのあとに1つずつ詳しく説明していくよ。

はい！　お願いします。

副業の成功パターン

 最初に必要なことは、

【流れ①副業のロードマップを知る】
ってことだね！　最初に成功の道筋を詳しく知ろう！

そして次に必要なことは、
【流れ②目標を設定する（"自分がどうなりたいのか"を決める）】
ってこと。人間は目標がないと怠けたくなる生き物なんだ。
こんな経験ないかい？　普段の宿題や勉強はがんばれないけど、テスト前だけはどうにかがんばれたり、部活も大会への出場が決まったら、俄然やる気が出て必死で練習したってこと。
何か目標や目指す場所があると、人は行動できる。だから目標設定が大切だよ。

 思い当たりすぎます……。がんばろうと思っても続いた試しがありません……。

 そうだよね。そして次に必要なのは、
【流れ③自分の中から副業のタネを見つける（自己分析＆商品イメージ）】
ってことだよ。はじめくんの人生経験の中から副業になるヒントを探していくよ！

 僕には何もないと思うんですけど、何かあるんですかね……。

 誰にでも必ずあるから、安心して。そしてそれが少しずつわかってきたら、先を進む先輩たちを見つけて、実際にどうやって取り組んでいるのかを見たり調べたりすることが重要なんだ。そうすれば、はじめ

くんも何を準備して取り組んだらいいのかが具体的にイメージできるようになる！

そのためには、次に、

【流れ④副業のタネをお金にする方法を知って（リサーチ）市場調査（スキルシェアサービス）をする】

その次は、少額でも、無料でもいいからまずは実践して、テストすることが重要だから、

【流れ⑤実際に商品サービスを作って販売してみる】

ことをやっていくよ！

販売するまでのステップは、思ったより少ないんですね。僕にできるか不安です……。

大丈夫。しっかり教えていくから安心して。うまくいくようになったら、はじめくん自身のことやサービスをよりたくさんの人に知ってもらうために、

【流れ⑥SNS発信で商品サービスを知ってもらう】

ようにする。認知を増やして、はじめくんの濃いファンを作り、問い合わせが来るようにするんだ。

僕にファンができるかはわかりませんが……。SNSはよく見ているのでなんとなくイメージはできそうです。

そうだね！　SNSは普段使っているけど、友人とのコミュニケーションで使う方法と副業で使う方法が違うから、そのあたりを重点的にお伝えするね！

そして、少ない労力で成果を大きくするしくみを作っていくために

【流れ⑦"欲しくなる"しくみを自動でつくるLINEステップ】

を準備していきます！

図 成功する副業の流れ

流れ① 副業のロードマップを知る

流れ② 目標を設定する（"自分がどうなりたいのか"を決める）

流れ③ 自分の中から副業のタネを見つける（自己分析＆商品イメージ）

流れ④ 副業のタネをお金にする方法を知って（リサーチ）
市場調査（スキルシェアサービス）をする

流れ⑤ 実際に商品サービスを作って販売してみる

流れ⑥ SNS発信で商品サービスを知ってもらう

流れ⑦ "欲しくなる"しくみを自動でつくるLINEステップ

流れ⑧ 目の前のお客様に欲しいと言ってもらえる
セールス力を身につける

難しくなってきました……。

今はわからなくて大丈夫だよ！　少しずつ理解できるように伝えていくからね。

そして最終的には、SNSを使って相談に来てくれたお客様予備軍の人に「欲しい！」と言ってもらえるような販売力を身につけることが重要になる。最後は、

【流れ⑧目の前のお客様に欲しいと言ってもらえるセールス力を身につける】

方法をお伝えしていくね。

セールスってなんか苦手な印象です。

そうだね。セールスに悪い印象を持っている人が多いからね（笑）。
でも、セールスって悪いことでも、そんなに難しいことでもない。相
手の困っていることや、知りたいことをしっかり聞くことなんだ！

 聞くことですか。

 この流れで順に進めていけば、はじめくんも少しずつ成果が出て、副
業で5〜10万円の副収入を最短で得られるようになる。
次回からしっかり伝えていくから、楽しく学んでいこうね！

 はい！　宮中さんのこと、先生と呼ばせていただいて、しっかり学び
ます。よろしくお願いします。

1 時間目まとめ

- ☐ 日本でも 10 人に 1 〜 2 人は
  副業をしている

- ☐ 副業とは喜ばれながら収入を得られる手段

- ☐ 1 日 10 分からでも成功できる

- ☐ 副業を開始するなら、
  早ければ早いほど将来が安心

- ☐ 副業成功には、必勝パターンがある

2 時 間 目

稼げる副業の
全体像を知ろう

ここでは、副業をどんな流れで行えばいいのか、具体的なロードマップ
（全体像）をお伝えします。2時間目で副業の世界が鮮明にわかるように
なりますよ！

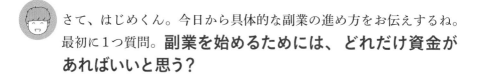

副業はリスクなく誰でもカンタンにはじめられる

さて、はじめくん。今日から具体的な副業の進め方をお伝えするね。最初に1つ質問。**副業を始めるためには、どれだけ資金があればいいと思う？**

え！　うーん……。100万円くらいでしょうか？

100万円か。確かに多いに越したことはないよね。でもはじめくんは、もしビジネスに失敗して、その100万円を失っても大丈夫かい？

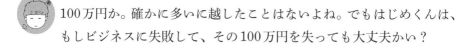

嫌です。無理です!!　絶対に大丈夫ではありません。

そうだよね。誰だってそんな大金を失うのは嫌に決まってる。そして用意するのも難しいと思うんだ！

今回レクチャーする副業は、**0円でスタートできるから、手元にお金がなくても大丈夫**なんだ。むしろ最初の段階でお金をかけることは、あまりオススメしないよ。

できる限りリスクゼロでスタートすることが、最初の条件だね。

よかったです。今すぐ100万円持って来いって言われるかと思ってビビりました。0円から始められるんですね。

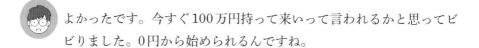

僕のたくさんの生徒さんも同じ方法でうまくいっているから、安心してくれて大丈夫だよ！

好きなことや経験でお金をいただける

 では、どんどん進んでいくね！

 はい、お願いします！

 はじめくんは「副業は怪しい」というイメージを持っていたよね？

 はい。でも宮中さんから、**喜ばれながら社会に貢献するもの**だと聞いてビックリしました。

 そうだね。**お金を稼ぐことは他人を喜ばせること**というのが大前提だよ。これは、くれぐれも忘れないようにしてね。
では、改めて副業がどんなものなのかについて教えていくね！
僕が伝えている副業は、**自分の好きなことや得意なこと、経験を、必要としてくれている人に教える（提供する）ことで感謝され、その対価としてお金をいただく方法**なんだ。
興味のあることに詳しくなって人に教えるという方法もあるよ。
これは、副業に限った話ではなくて、世の中はそうやって回っているから、一度それを前提にして周囲を見渡してみてほしい。
たとえば飲食店は、美味しい食事を提供するところだよね！

 そうですね。

 つまり、飲食店が得意とすることは、美味しい食事を作ること。
その対価としてお客様がお金を支払うよね。
たとえば、もし、はじめくんが飲食店を経営しているとして、自分でお米や野菜を育てたり、牛や鶏を飼育したり、レジの機械を自分で発

明したりしていると思うかい？

いや、それはとんでもなく大変そうです……。食事を作ることに集中できないと思います。

そうだよね！　だから飲食店を経営するはじめくんの得意分野は美味しいご飯を作ること。
そして、お米や野菜を育てるのが得意な会社、牛や鶏の飼育が得意な会社、レジを製造するのが得意な会社にそれぞれ依頼して、材料や機械を提供いただき、その対価としてお金を渡しているんだよ。

全部を1人ではできないですもんね。

はじめくんの好きなサッカーで考えると本当に簡単だよ。うまくなりたいと思ったらうまい人から教えてもらえばいいよね？　パスはAさん、シュートはBさん、体力作りはCさんというように、得意としている人にそれぞれ教われば、上達する確率は高い。その得意分野を1人ひとりがビジネスにしているってことなんだ！

改めて言うとビジネスとは、**自分の好きなことや得意なこと、経験を、それを必要としてくれている人に教える（提供する）ことで感謝され、その対価としてお金をいただく**ってこと。お客様の悩み解決でもあるんだよ。

僕がゲームを攻略するために、得意な人から攻略方法を教えてもらって対価としてお金を払うことと同じようなものですね！

まさしくそれだよ。あるゲームの攻略方法を知りたい人がたくさんいるとする。その攻略方法を知っている人が、知りたい人につながれば、その情報はどんどん売れて、感謝されながら月に数万円のお金を

得ることができるんだ。

そして、その人はお金のために攻略方法を追求していると言うよりも、睡眠時間を削ってでもやっていたいと思えるゲームをプレイして、情報をまとめてお金をいただいているんだ！

 なんか楽しそうですね！　最初に怪しいって言っていた自分が恥ずかしいです。

 そう！　**ビジネスって本当に楽しいもの**なんだよ！

 まずは、自分ができることを探して、**求めている人をたくさん見つけられればいい**ということですね。

 はじめくん、まさしくその通り！　これからその話をしていくね！

 （でもそれが難しそうですが……）がんばります！

スキルシェアサービスで販売されている商品や サービスを調べてみる

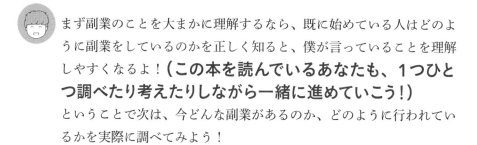

まず副業のことを大まかに理解するなら、既に始めている人はどのように副業をしているのかを正しく知ると、僕が言っていることを理解しやすくなるよ！**（この本を読んでいるあなたも、1つひとつ調べたり考えたりしながら一緒に進めていこう！）**
ということで次は、今どんな副業があるのか、どのように行われているかを実際に調べてみよう！

はい、わかりました。じゃあ、早速出かけましょう！

はじめくん、もちろん外にもいろんな気づきや発見はあるけど、今はインターネットの時代だよね!?　**情報はすべてインターネットで調べていこう！**

そうなんですね！　じゃあ、副業するときにも外に出たりせず、在宅でできるってことですか？

いい質問だね！　はじめくんがこれからどんなビジネスをやるかにもよるけど、今好きなことや得意、経験を活かして副業をしている人たちの大半は、オンラインで完結する商品やサービスを販売している人が多いんだよ。Zoomというオンライン通話のできるサービスの普及によって、在宅で仕事をする人たちが増えたよね！

確かに、Aさんもネットで副業をやっているって話でした。

ということで、副業をしている人を探すのに一番わかりやすいのは「スキルシェアサービス」のプラットフォームを見ることだね！

?????????(フリーズ)

いきなり聞き慣れない用語を出してしまったね。ごめんごめん（笑）。
「スキルシェアサービス」というのは、自分の好きなことや得意なこと、経験を、それを探している人に販売できるサービスの総称なんだ。
「プラットフォーム」は、システムやサービスを動かすための土台のこと。ECサイトと呼ばれるAmazonや楽天なんかもそうだし、SNSならInstagramやFacebookもそうだね。

要は手数料を少し取る代わりに、**集客するためのシステムを全部提供してくれる**んだ。

自分1人で、こういったシステムやサイトを開発するのって難しいよね。

だから、企業は僕たちのような個人がサービスを提供しやすいように、環境を用意してくれているんだ。そこにたくさんの人が登録して活用している。

つまり「スキルシェアサービスのプラットフォーム」とは、**自分の好きなことや得意なこと、経験を提供したい人と、それを求めている人をマッチングさせるサービス**のことなんだ。

よくわかりました。先生、早くスキルシェアサービスのプラットフォームを見にいきましょう！

（はじめくんは新しく覚えた言葉をすぐ使うタイプだな……笑）

さて、スキルシェアサービスはたくさんあるんだけど、オススメは**「ストアカ（ストリートアカデミー）」**と**「ココナラ」**という2つのサービス（PCでもスマホでも利用可能）だよ。

それぞれの特徴を紹介するね。

まず**「ストアカ」は、ダイエットや恋愛、美容、料理、ハンドメイド、学習方法、占い、ビジネススキルのように、多種多様なジャンル**

について「**学べる**」プラットフォーム。

サイト内をいろいろと検索して、興味を持ったタイトルをクリックして進んでいくと、オンラインで受講することができるんだ。もちろん、そこに登録して販売すれば、教える側になることもできる。

一対一でサービスを提供したり、複数人に対してセミナー形式で教えたりすることが多いサービスだね！

次に「**ココナラ**」は、**一対一でのサービス提供がメインで、イラストやデザインなどの制作物の受発注が多い**プラットフォームだよ。

個人のお困りごとを解決するためのサービスが並んでいるから、お客様は、自分に必要なサービスに申し込んでサポートしてもらう形になるね。

たとえば結婚式の招待状のデザイン制作や、ちょっと変わったものだと、デートプランを立てるようなものもある。基本的には、何らかの制作物を依頼側と制作側が相談しながら進めるサービスが多い。何でもオーダーメイドでの制作ができるってことだね。

ストアカ、ココナラ、どちらのサイトもしっかり見て、いろいろ検索してみよう！

どちらも歴史が長くて有効なプラットフォームだから、どんなものがあるのか、両方のサイトを実際に**30分ずつは時間を取って見てみよう。**

そうすると、新しい発見や気づきがあったり、自分はどんなものを提供できるかなどのアイデアも、どんどん湧いてきたりするんじゃないかな。

わかりました。いろんなサービスがありそうですね。**知識や経験を教える場合は「ストアカ」で、一対一のサービスをサポート型で提供する場合は「ココナラ」**ってことですね！

そうだね！　じっくり見てみてよ！

SNSで副業をしている人を見つけてみよう！

 次は**SNSを活用して副業している人を調べてみよう！**

今は副業で、Instagramを活用している人が多いから、Instagramで
キーワードを検索して、いろんなアカウントをチェックしてみよう！
SNSでは、自分が好きなこと・得意なことに関する情報を無料で発
信して、たくさんの人にシェアすることができる。流れてきた1つの
投稿に興味を持ってくれた人が、他の投稿やプロフィールを読んで
フォローする。その投稿やプロフィールで紹介している商品やサービ
スに興味があれば、問い合わせが来て申し込んでくれる。これが基本
的な流れだね！

詳しいことは販売と集客に関する授業（5時間目）でお伝えするよ。

 先生！　ちょっと質問してもいいですか？

スキルシェアサービスでサービスを販売できるのなら、SNSをやる
必要はあるのですか？　SNSは手間がかかるし、難しい気がします。

 いい質問だね！　実は、スキルシェアサービスにはデメリットがある
し、SNSには、手間がかかったとしても、それを超える大きなメリッ
トがあるんだ！

スキルシェアサービスのメリットは、**集客や集金などを全部代わりに
やってくれるので、ゼロから始める人にとってハードルが低い**。

でもデメリットとして、**手数料がかかる**。ココナラは22％、ストアカ
は10〜30％が、売上金額から差し引かれてしまう（2023年現在）。

そして集客がプラットフォーム頼りになってしまうと、プラットフォー
ムの力が弱くなったら、その分、**集客や売上も下がってしまう**んだ。

SNSのメリットは、**自分でフォロワーを増やした分だけ、お客様に**

なってもらえる可能性が高くなり、自分で集客できるようになること。手数料がかからないから、**利益も多くなりやすい**。

販売するサービスの金額も、サービスの内容によって、数千円から数十万円と、**さまざまなサービスを提供しやすくなる**（高額商品の販売方法については、『SNS共感起業』大和出版刊をご参照ください）。

一方デメリットは、**集客できるようになるまでに時間がかかったり、申込受付や集金を自分でやらなければならない**こと。でも実は、そんなに難しくないんだけどね。

だから、**最初はスキルシェアサービスでスタートして、次はSNSを活用して集客と売上を伸ばす**流れができるといいよね！　もちろん、スキルシェアサービスだけでも月に5～10万円を稼ぐことは可能だよ。

わかりました。まずは副業している人やサービスなどをたくさん見てみようと思います！

今日から趣味のエンタメ系YouTubeを見る時間が減りそうです！

いい心掛けだね！　じゃあ、今日はあと1つ、大切な目標設定の方法をレクチャーするね。

お願いします！

スキルシェアサービスとSNSの比較

スキルシェアサービス		SNS	
メリット	デメリット	メリット	デメリット
集客・集金をしなくてもいい	手数料がかかる	手数料がかからない	安定して売上を上げるのに時間がかかる
環境が整っているので始めやすい	プラットフォーム頼り	単価の高い商品を売りやすい	申込み受付や集金は自分でやる

副業をして"自分はどうなりたいのか"を決める

 はじめくん、まずはここまでの感想を教えてくれるかな？

 自分の好きなことや得意なこと、経験を活かして副業している人がたくさんいるってことがわかりました。でも、僕が人に教えられることがありそうかと言われたら、ないと思います。

 そうか。ところではじめくん、目標を立てて達成できなかったことってあるかい？

 目標……。逆に達成できたことがあまりないです！ だから目標を設定するのは好きじゃないです……。

 正直でいいね!! 実は僕も、昔は目標を立てるのも達成するのも、すごく苦手だったんだ。でも、「ある方法」を取り入れてから、どんどん目標達成できるようになったんだよ。

 どんな方法ですか？ 難しいんでしょうか……。

 ただコツを知っているかどうかなんだ！ まずは、なぜ目標を設定する必要があるのかについて話していくね！
じゃあ、1つ実験をしてみよう。はじめくん、**目を閉じてくれるかい?**
（読者のあなたも、ぜひやってみてください）

 え、目を閉じるんですね……。はい。

目を閉じたまま、はじめくんの**身の回りにある赤いものを全部思い浮かべてくれるかな。**

（目を閉じたまま）赤いもの、何かあったっけ……。僕のペンが赤だったな。あとは……。

OK！　では**目を開けて、実際に周りの赤いものを探してみて。**

わーーーー。めちゃくちゃたくさんありますね‼　気づいていませんでした‼　……でも、**これと目標達成って関係あるんですか？**

まぁまぁ焦らないで。実は、はじめくんは赤いものに気づいていなかったのではなく、赤いものに気づいてはいるけど、脳が認識しないようにしていたんだよ。

ど、どういうことですか？

人間の脳って、かなりすごい処理を行っていて優秀って聞いたことないかな？

それはあります‼

脳が感じ取った情報にフィルターをかけて、はじめくんにとって重要な情報だけをピックアップし、はじめくんに認識させているんだ。赤いものを探すまでは、はじめくんにとって赤いものが重要ではなかったから、あえて脳が認識しないようにしてくれていたんだよ。

なるほど……。

 これは脳の働きの一部なんだよ。この機能は、関心を持つことに対して、脳がアンテナを張って情報をキャッチしてくれるようになる。つまり、ちゃんと**目標を設定していれば、その目標達成に関連する情報を脳が勝手に集めてくれる**ってことなんだ。

 めちゃくちゃすごいですね!!

 たとえば、車を運転して行ったことのない場所へ旅行するとき、ナビに行き先を入れるよね。「琵琶湖にたどり着けたらいいな～」なんて、なんとなく出発したりはしないはずだよね。
ナビに入れれば、最短距離で目的地に行けるけど、ナビに入れないと目的地にたどり着けるかどうかさえも怪しい……。
はじめくんは、どっちがいい？

 絶対にナビに設定したいです！

 そうだよね。だからまず、**はじめくん自身はどうなりたいのか、その目標を設定することが大事**なんだよ。

ということで、副業を成功させたいなら、そのための目標を設定することが大事だってことがわかったよね。だからまずは、**いつまでにいくら稼ぎたいのかを決めておく**必要があるね。

はじめくんは、いつまでにどのくらい稼ぎたいかな?

う〜ん……。3カ月後までに月5万円の副収入を得たい……。なんて、無理ですよね……。

無理だなんて思わなくていいんだよ!　3カ月後までに月5万円ね。次は、達成しやすいように目標設定のコツを伝えようか。これはかなり大切だよ。

それは、**目標を達成したら、そのお金を使ってどうしたいかを具体的に決める**ことだね!　大体の目標は、目標を達成することが目標になってしまっているから達成できないんだ。

え、どういうことですか?

たとえば、はじめくんが毎月5万円の副収入を得られたら何をしたいかな?　どう使いたい?

まずは、旅行に行きたいですね!　あとは、美味しいご飯を食べたい、新しいゲームを買いたい、ジムに行きたい、新しいスーツを買いたい、時計が欲しい!

あとは……。

いい感じだね!　そうやって目標を達成したら何をやるかをワクワク

しながら考えて、リスト化してみるんだ。そしてもっと詳細にイメージできるように書いてみること！

どこへ旅行に行きたくてそこで何をやりたいか、行きたいご飯屋さんはどこで、どんなスーツや時計が欲しいのか……。全部楽しくイメージしながら作っていくんだよ。

そのときに画像を探して貼ってもいいし、待ち受け画面にしてもいいね！

そうなると、それを達成したいから月5万円の収入を絶対に叶える自分になっていくんだ！　もしかしたら足りないかもしれないから月10万円くらいになっていくかもね！

めちゃくちゃ楽しくワクワクしてきました！

特にお金に関しては、稼ぐことを目的とすると叶わないことが多いので、その先のやりたいことリストもセットで作っていこう!!

はい！　わかりました！

いい感じだね！　では、今日はここまで。
宿題として、帰ったら**「ストアカ」「ココナラ」を見ながら目標設定＆ワクワクリストを作る**ように！

わかりました！　また明日よろしくお願いします！

妄想しながら帰ると危ないから、気をつけて帰るんだよー(笑)。

2時間目まとめ

- ☐ 副業は資金ゼロから始められる

- ☐ あなたの経験や好きなことはお金になる

- ☐ スキルシェアサービスを使って
  始めてみる

- ☐ 目標設定は、何よりも大切

3時間目

あなたの中の
副業のタネを
見つける

２時間目までで副業の全体像（副業している人がどのように活動し、どんなことに取り組んでいるのか）を解説してきました。そしてあなたの目標設定とワクワクリストも作成しました（必ず作成しましょう！）。

次は、みなさんが持っているものの中で、何が副業のタネ（＝お金をいただけるもの）になるのかを、はじめくんと一緒に見つけに行きましょう！

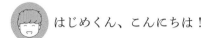

スキルシェアサービスを調べてみると 見える世界が変わる

はじめくん、こんにちは！

先生、こんにちは。今日もよろしくお願いします。

さて昨日スキルシェアサービスでさまざまな商品サービスを一緒に見たけど、あのあとにもじっくりと調べてみたかい??

「ストアカ」「ココナラ」「SNS」と、時間をかけて見てみました。本当にたくさんの商品やサービス、情報発信があって、「参加したい！」「受けてみたい！」というものがありました！

おお！　いい感じで全体像がつかめてきているみたいだね！
実際に受けてみたいものはどんなものがあったのかな？

実は僕、カメラが趣味なんですが、キレイに撮れる設定方法がわかっていなかったので「初めてでもプロ級の写真が撮れる一眼レフ設定＆撮影講座」というものにすごく興味が湧きました。
あとは、実家で犬を飼っているので「ペットの気持ちが手に取るようにわかるアニマルコミュニケーション初級講座」というのも気になりました！

気になるものが見つかったのはすごくいいね！
ちなみに**自分でもできるかもしれないと思うことはあったかな？**

そうですね……。僕はカメラだけでなく、仕事柄パソコン作業の効率

化や操作方法を調べるのも好きなんですが、見かけたExcel講座では、僕でも知っていることを教えているようにも見えました。

あとは、少しでも生活費を浮かせるためにしょっちゅう節約術を検索しているんで、「節約方法」とかだったら、少しは誰かに教えられるかもしれません。

なるほど！　はじめくん、いいセンスしているかもね！

でも、やっぱり僕が知っていることくらいでお金をいただけるのか、疑問に思う気持ちが強いです。

そうだね！　最初はみんなそう思うよね。

でも、誰でも必ず人に教えられること、提供できることがあるから大丈夫だよ！

そもそも、「自分にはお金になるものがない」なんて思う必要は、全くないんだよ。僕は「**どんな人でも、必ず"人の役に立つコンテンツ"を持っている**」と思ってる。

これまでにも、はじめくんみたいに、自分には何もないって言っていたけれど、今では、人生経験や好きなことを活かして、楽しそうにお金を稼いでいる人がいっぱいいるよ。

今はまだ、確信がないかもしれないけれど、絶対に人の役に立つコンテンツはあるんだよ。

前にもお伝えしたように、ビジネスっていうのは困っている人の「**お悩み解決**」だから、「お悩みを解決してくれる商品やサービスにお金のやり取りが発生する」というだけのことなんだ！

ポイントは「こうなりたいけど（これをやりたいけど）やり方がわからない」って人がたくさんいるってことだね。だから詳しい人が、その方法を教える。ただそれだけなんだ。

さっきはじめくんが「カメラのことを教えてほしい」と思ったのと同じ原理なんだよ！

う〜ん、でも……。
人よりもすごく得意と言えることは、やっぱりない気がします。

確かに、人が得意なことや才能を発揮しているときって、無意識でやっていることが多いから、**自分では気づけていない場合がほとんど**なんだよね。

たとえば僕の場合、会社員時代にブライダルジュエリーの販売をしていたんだけど、当時は本当に怒られてばかりだった。泣きながら店長とケンカして、どうしたら売れるんだろうって試行錯誤の連続だった

んだ。

でも、その修行みたいな経験から得たものが、今「販売力やセールス力に自信がない」という困りごとや悩みを持っている人にすごく喜ばれて、商品サービスの購入に繋がっているよ！

自分で気づくことは難しいけれど、人の役に立てること、つまり、自分が時間を費やしてきた経験や、息を吸うようにやっていること、好きでずっと続けていることは、誰でも持っているものなんだよ。

そして実は、**自分にいくつかの質問をするだけで、人からお金を払っていただけるような、役に立てる分野を発見することができるんだ。**

はじめくんも、それを一緒にやってみるかい？

 え、そんなすごいものがあるんですか!?　ぜひお願いします!!

自分らしく稼げるビジネスは「棚卸し」からはじまる

では、はじめくん、これからはじめくんの得意や才能、副業のタネになる経験を探すために、7つの質問をするよ。「はじめくん自身のこと」「周囲の人のこと」「はじめくんの過去の経験」について聞くから、一緒に考えていこう！

はい！　考えます！

あなただけの売りやすい商品が見えてくる7つの質問

[自分自身のこと]

質問❶ 好きなこと、夢中になれること、ワクワクすることは何ですか？

では最初の質問。はじめくんの好きなこと、夢中になれること、ワクワクすることはなに？

そうですね……。ゲーム、サッカー、パソコン、食べ歩き、カメラ、映画鑑賞などでしょうか。

なるほど！　この質問に答えてわかるのは、自分自身のこと。得意なことや自分の性格、なぜそれが好きだったり、ワクワクするのか？というその奥のことを深く深く考えていくと、はじめくんが自分自身のことをよく理解できるかもしれないね！

なぜ好きなのかを今まで考えたことがなかったので、新しい発見ができそうです！

「あなただけの売りやすい商品が見えてくる7つの質問」

1 好きなこと、夢中になれること、ワクワクすることは何ですか?

2 あなたが今、最も興味関心のあることは何ですか?

3 人によく相談されること、求められること、喜ばれること、感謝・感動されることは何ですか?

4 人より簡単にできること、よく褒められること、他の人より早く上手にできることは何ですか?

5 仕事にしたい(している)分野で、持っている知識や経験はどんなものですか? 乗り越えた壁、身につけたもの、学んだことは何ですか?

6 仕事にしたい(している)分野以外で、持っている知識や経験はどんなものですか? 乗り越えた壁、身につけたもの、学んだことは何ですか?

7 もし、何でも売れるとしたら、やってみたい&できるかもしれないと思う商品・サービスは何ですか?

3
自己分析&商品

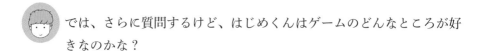 では、さらに質問するけど、はじめくんはゲームのどんなところが好きなのかな？

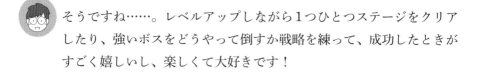 そうですね……。レベルアップしながら1つひとつステージをクリアしたり、強いボスをどうやって倒すか戦略を練って、成功したときがすごく嬉しいし、楽しくて大好きです！

 なるほど！　その答えにはじめくんを知るヒントが隠れているよ。

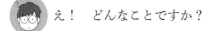 え！　どんなことですか？

たとえば、副業を成功させようと思ったとき、その成功までの道のりを、はじめくんの好きなゲームと同じ感覚で捉えてみたらどうだろう。これまでにはじめくんに伝えたことを、ゲームみたいにいくつかのステージに分けて考えたり、"はじめくん"というキャラを育てるゲームだと捉えることもできるよね。そう考えたら「クリアしてみたい」と思えてこないかい？

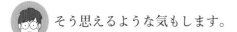 そう思えるような気もします。

ゲームが得意ということは、きっと頭の中で「○○がこれくらいできるようになると、△△が達成できるようになる」というような計算ができていて、それをできるようにレベルアップしていこうと取り組んでいると思うんだ。何か達成したいことがあって、話を聞くだけで、どうやって取り組んでいくのか？　という道のりを探すのが他の人よりも得意かもしれないね！

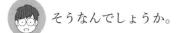 そうなんでしょうか。

そして、サッカーやパソコン、カメラ、映画鑑賞などにも、きっと本

当のはじめくんを知るヒントが隠れているはずだよ。
だからぜひ今日の夜に、深掘りしてみてほしいんだ！

 わかりました！ やってみます！

質問❷ あなたが今、最も興味関心のあることは何ですか？

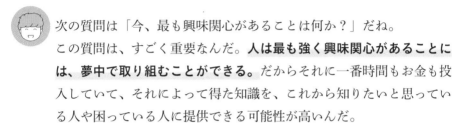

 次の質問は「今、最も興味関心があることは何か？」だね。
この質問は、すごく重要なんだ。**人は最も強く興味関心があることには、夢中で取り組むことができる。**だからそれに一番時間もお金も投入していて、それによって得た知識を、これから知りたいと思っている人や困っている人に提供できる可能性が高いんだ。
だから、自分のことを知るためにしっかり考えることが大切だね！

 興味関心のあること……。たくさんあります。やっぱりパソコン関連やカメラのことですかね。それと、興味とは言い難いかもしれませんが、後輩や上司との関係とか、人間関係をいい状態で保てるようにいつも気にはしています。

 いい感じだね！ パソコンはスキルをレクチャーしたり、人間関係の場合は、良好に保つ方法を教える人もたくさんいると思う。まだ詳しくないとしても、カメラが好きなら、たくさんの人を撮影してあげて、喜んでいただけたら、お金をいただくこともできるかもしれないよね。

 好きなことを仕事にできるのは一握りの特別な人だけだと思ってました。

 そうだね。好きなことを仕事にするのは、難しいことじゃない。そして、大切なのは行動を起こし続けること。

そして当然、失敗もたくさんするから、うまくいくまで続けること！

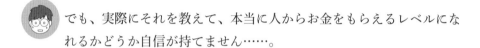 でも、実際にそれを教えて、本当に人からお金をもらえるレベルになれるかどうか自信が持てません……。

 うん。実は、そこがたくさんの人が陥ってしまう、"落とし穴"なんだ！

 "落とし穴"ですか？

そう！　ほとんどの人がハマっちゃってるんだよ。
みんな「完璧じゃなきゃダメ」「プロフェッショナルじゃなきゃダメ」とハードルを高く高く設定しすぎているんだよ。
副業を始めるポイントは、**「お客様よりも少し先に進んでいる」**だけでいいんだ！

少し先に進んでいる？

そう。はじめくん、どれくらいの副収入が欲しいんだったかな？

月5〜10万円です。

じゃあ、月に5〜10万円稼げる副業を成功させるために、ソフトバンクの孫正義さんから教えを請おうと思うかい？　ちなみに、ソフトバンクの年商は5、6兆円はあるんだけど……。

いや、いや、雲の上すぎですよ……。全く思いません（汗）。

そうだよね。なら、こんな人だと、どう？　1年前に副業を始めて、今は副収入で月10万円以上を安定的に稼げている人。

あ、その人になら、ぜひ教えてもらいたいです！

 「先に進んでいる」っていうのはそういうことなんだよ。

でも、みんな「孫さんレベルにならないと！ いや、せめて○○くらいには！」って、自分でどんどんハードルを上げてしまうんだ。

「自分よりも上の人がたくさんいるんだから」と思いがちだけど、世の中には、はじめくんと同じような**「少し先の人」**から教えてもらうほうがピッタリの人が必ずいるんだよ。だから安心してほしい。

今は、副業を始めたいと思っている人がたくさんいるけれど、その人たち全員に対して、誰かが、1人でサポートできると思うかい？

 いえ。副業の仕方を教えている人も、たくさんいますよね。

 そうだよね。だからこそ、はじめくんがサポートできる範囲のサービスを求めている人が必ずいるから、その人をサポートすれば、自ずと副収入は増えていく。

飲食店だって、超高級店から大衆居酒屋、ファストフードなど、いろいろあるよね。自分が提供できる範囲で、みんなビジネスをしているんだよ。

よくわかりました！

[周囲の人のこと]

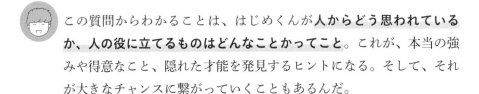

質問❸ 人によく相談されること、求められること、喜ばれること、感謝・感動されることは何ですか？

この質問からわかることは、はじめくんが**人からどう思われているか、人の役に立てるものはどんなことかってこと**。これが、本当の強みや得意なこと、隠れた才能を発見するヒントになる。そして、それが大きなチャンスに繋がっていくこともあるんだ。

う〜ん……。僕は後輩からいじられたり、女性社員からは男だと思われてないような節があったりで、感謝されたことなんて、全く思いつきませんよ……。

はじめくん、もっとがんばって真面目に考えてくれ！ と言いたいところだけど、その調子だよ。
他にも**"よく頼まれること"**とか、思い出せないかな？

え！ これでいい調子なんですか!?
えっと……。あ、上司に来客があったとき、上司がよく僕にお茶を出しておくように言ってくるんですよ。他に手が空いている人はいるのに！ そしてなかなか上司がお客様のところへ行かないから、つなぎで僕がお客様と話していたりするんです。これは頼まれることっていうより、上司からの嫌がらせかもしれませんが……(汗)。

はじめくん、それでいいんだよ。たとえば、今はじめくんが言ったことだと、「後輩からいじられる」なら、何でも言い合える仲になっているってことだから、信頼関係が築けていると考えられるよね。

「男だと思われてない」に関しては、実は話を聞いてほしいって言われたりすることもあるんじゃないかな？

うーん……。まぁ、確かに同僚の女性からは、彼氏とか先輩のグチをよく聞かされます。
後輩からは、上司の機嫌が悪いときにどう対応すればいいか聞かれたりしますね。

いいね、いいね！　じゃあ、相談されるってどういうことなのかを説明するね。その理由は、だいたい2パターンに分かれるんだよ。

2パターンですか。

そう。1つ目は、「相手は誰でも良くて、他に話せる人がいなかった」から。この場合は一旦スルーしてOK。
2つ目は、相手がはじめくんのことを、**その内容について詳しい人、うまくできる人、もしくは安心して話せる人だと思っているから。**
だから、**「なぜ後輩は自分にこの相談をするんだろう」「同僚の女性はどうして自分に話を聞いてほしいと頼むんだろう」「上司が自分にお茶出しを頼むのはなぜだろう」**って自分で自分に質問しながら、そのときのことを振り返ってみてよ。
1つ目と2つ目、どちらになると思う？

あ、僕がお客様にお茶出しをしたあとに、上司が毎回「お客様と何か話をした？」って聞いてきますね。後輩は、僕が教えたことを活用して上司に褒められていましたね。同僚の女性の場合、グチっているのは、僕に対してだけのような気もします。
これってどっちになるんですか？

それなら2つ目なんじゃないかな。はじめくんがお茶を出しに行くと、

3 自己分析＆商品

来客の人とすぐに仲良くなって場が和んだりするんじゃないかな。それによって商談がいい方向に進みやすいのかもしれない。
そうだとしたら、それは立派な才能・強みだよ！

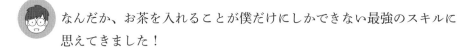

なんだか、お茶を入れることが僕だけにしかできない最強のスキルに思えてきました！

（笑）。何気なく当たり前にやっていること、自分では思ってもみなかったことが、実は才能だったってことが多々あるんだよ。
それを認識できると、それだけで、よりその才能が伸びて、唯一無二の強みに変わる。

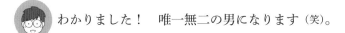

わかりました！　唯一無二の男になります（笑）。

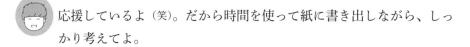

応援しているよ（笑）。だから時間を使って紙に書き出しながら、しっかり考えてよ。

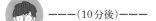

———（10分後）———

はい！　書き出してみました‼
やっぱり多いのはパソコンの不具合があったときに呼ばれたり、Excelの便利な使い方を聞かれたり、あと上司には同僚の女性の機嫌について聞かれることもありました。他には、「絶対に道を聞かれる」とか、バーでマスターから「あそこに座ってる初めてのお客様と話しててくれ！」と言われたこととかがありました。

素晴らしいね！　きっとはじめくんは、**後輩からは親近感を持ってもらいやすいし、人をリラックスさせる雰囲気を持っている**。職場の人間関係を繋ぐ緩衝材になっているんじゃないかな。これを意識して、営業の仕事にも活かせば、営業成績も上がると思うよ。

本当ですか。嬉しいです！

 では、また家で深掘りしてみてね！

 わかりました！

 ちょっと余談になるけど。はじめくん、今これを読んでいる読者は、はじめくんってめちゃくちゃいいヤツで、実は仕事もできるヤツなんじゃないかと感じているかもしれないね。ちなみに、はじめくんは**何が苦手なの？**

 「読んでいる読者」って何ですか？

 あ、いや、こっちの話だから気にしないで！

 苦手なこと、たくさんありますよ。
同僚の女性とは話せますけど、彼女はずっといないですし……。あとは虫が嫌いで家で出たら恐怖です……。何かをコツコツ続けるのも苦手だし……。

 そうなんだね。恋愛とかはストアカやココナラでサービスを探してみたらいいかもしれないね。

 あ、確かに、その手がありましたね！　過去に指南書などは読んだことがあるんですがなかなかうまくいかなくて、ちょっと探してみます！

 では気を取り直して次の質問に進んでいこう！

 はい！　お願いします！

質問❹ 人より簡単にできること、よく褒められること、他の人より早く
上手にできることは何ですか？

次の質問は、「人より簡単にできること、よく褒められること、他の
人より早く上手にできることは何か？」ということだよ。
この質問は、他の人と比較しながら考えたり、今まで褒められたこ
と、自分の仕事や過去の経験を振り返ることで、はじめくんが自覚し
ていなかったとしても、他の人より得意だったり、強みや才能だと言
えるヒントが見つかる質問になっている。
さっきの質問の回答と重複しても大丈夫だから、まずは考えてみよう！

……書き出してみました！　**知りたい情報を探し出すのが早い、説明
書を読まなくても家具が組み立てられる。道に迷わない。家電に詳し
い！**　こんな感じでどうでしょうか！

なるほどね！　はじめくんはきっと相手の考えていることが深く読み
解けて、全体像の理解がすごく早いんじゃないかな。

え、そんなこと言われたことはなかったです！

そうだろうね。誰も気づいていない本当の強みって、そういった意外
なところから出てくるからね！

そうなんですか!?　驚きです！

また他にも書き出せたら、ぜひいろいろ考えてみてね！

わかりました！

次は、はじめくんの過去の経験について考えていこう！

 はい！　お願いします！

[過去の経験]

質問⑤ 仕事にしたい（している）分野で、持っている知識や経験はどんなものですか？　乗り越えた壁、身につけたもの、学んだことは何ですか？

 この質問では、はじめくんの人生で多くの時間を使っている「今までしてきた"働く"という経験」から、培ってきたことや手に入れた能力、得意になったものは何かを探っていくよ。

 はい……、わかりました。

 はじめくん、あんまりないなって思ってないかい？

 お見通しですね……。

 まぁ、そう言わずに書き出してみてごらん。たくさん出てくると思うよ。ちなみに、これは今の仕事に限らなくても大丈夫だよ！
もし過去に転職していたり、異なる部署にいた経験があるなら、それも全部書き出してみるといいね。もちろん学生時代にしたアルバイトを入れてもOKだよ。いろんなことを振り返って書き出してみてよ。

 思い出しました！　僕、学生の頃に、いろんなアルバイトをしたんです。その中で一番長く続けられたのが、家電量販店でのパソコン販売の仕事です。先輩や社員の人がすごく厳しくて大変でした……。

一番長く続いたアルバイトでの経験か。そこで乗り越えた壁、身につけた能力、学んだことは何だった？　書き出してみてよ。
今のはじめくんに繋がる何かがわかるかもしれないよ！

そうですね……。自分から質問しないと細かいことは教えてもらえなかったので、**忙しい中で厳しい社員や先輩から、どうやればスムーズに聞けるか、うまくやれるかを、当時はものすごく考えました。**
あとは、僕自身パソコンが大好きなのもあって、ライバルメーカーの販売員と情報交換をしたり、「お客様が本当に求めているものは何か」というのをよく考えていました。僕だったら、この機能が充実しているほうが使いやすいから、お客様にもオススメしようとか。
……そう考えると、今の職場での人付き合いや来客との会話は、そのときの経験がすごく活きているような気がします。
社会人になってから強化されたのはパソコンのExcelスキルですね。
仕事の効率化を関数などを使って行ってます。

いい回答だね!!
引き続き思いついたらどんどん書き足していこうね！

わかりました！

ただ、今の仕事だけに固執することなく、“働く”という観点から過去を振り返ってみると、乗り越えた過去や身につけたものが意外とたくさん出てくる可能性もあるから、すべて洗い出してみようね！

　質問❻ 仕事にしたい（している）分野以外で、持っている知識や経験はどんなものですか？　乗り越えた壁、身につけたもの、学んだことは何ですか？

次は、はじめくんの仕事以外の経験を振り返ってみるよ。子どもの頃

から今までの経験を振り返ってみよう。たとえば習い事、部活、家での手伝い。家庭環境や友だち付き合い、恋愛、趣味、遊び、サークル活動、ボランティア……。仕事以外のことから振り返ってみよう！何か思い当たることはあるかい？

うーん……。ここで答えることなのか、よくわからないのですが、実は僕、学生時代にいじめられていたことがあるんです……。当時は、本当につらかったです……。

だから人が嫌なことをされたときに、どんな思いをするのかを、僕はわかっているつもりなので、**どんな人にも優しく、寄り添うこと**を意識しています。あとは、サッカーの監督がすごく厳しかったので**忍耐力はあるかもしれません。**

そうだったんだね。つらい過去を思い出させてしまって悪かったね。でも、そのはじめくんの寄り添う優しさや忍耐力は紛れもない強みだし、才能だと思う。それをしっかり自分で認識していこう。

その経験や体験から生まれた強みは、いろいろな活かし方ができると思う。たとえば、はじめくんが副業を始めてお客様に何かを教えるとして、お客様がどれだけ間違っても、失敗しても、成長が遅くても、お客様ができるようになるまで忍耐強く待てる。そして寄り添って優しく伝えることができるよね。それはやろうと思ってもできることではないからね！

そうなんですか……。僕の強み……。考えてもみなかったことばかりで、ビックリしています。

人は才能や強み、得意なことで溢れていると思うんだ！　きっとほとんどの人がはじめくんと同じように、自分で「僕（私）には何もない」って思い込んでるだけなんだと思う。

本当にそうなんじゃないかって思えてきました！　ありがとうございます！

質問❼ もし、何でも売れるとしたら、やってみたい＆できるかもしれないと思う商品・サービスは何か、書き出してみましょう！

 これが最後の質問だよ。はじめくん、ここまで進めてきて自分の隠れた才能や得意なこと、他人からどんなことで頼られているかがわかってきたんじゃないかな。

 確かに少しずつですが、僕にも**何か人の役に立てることがあるのかもしれない**と思えてきました！

 うん、そうだね！　じゃあ質問の説明をするね。
まず、はじめくんが何を提供するかは、いったん脇に置いて、世の中の人から必ず「欲しい！」と言ってもらえるとしたら、何をやってみたいかな？　何ができそう？　それを**ワクワクする気持ちで、ぜひ考えてみてほしい。**
この質問のポイントは、**できるかどうかは考えず、思いつく限りたくさん書き出してみること。**

 わかりました。

 この質問は、ここまでの6つの質問すべてを深掘りしていないと出てこない部分だと思う。ということで、今日はここまで！
普段考えないことを考えて、頭をすごく使ったと思うので、これは宿題にしよう。次回までにしっかりと考えてみて。書き出したものは、次回改めて教えてね！

 わかりました。書き出してみます。今日もありがとうございました！

3時間目まとめ

☐ どんな人でも、必ず
　"人の役に立つコンテンツ"を持っている

☐ 人生の棚卸しをすれば、
　副業のタネが見つかる

☐ 副業は「お客様よりも少し先に進んでいる」
　だけでスタートできる

副業のタネを
商品にする方法

3時間目までで少しずつわかってきた、自分の「副業のタネ」。ここでは、その副業のタネをどうビジネスにする（お金をいただけるようにする）のかについてお伝えしていきます！

はじめくん、おはよう！

先生、おはようございます。今日もよろしくお願いします。

じゃあ早速、前回の宿題。最後の質問7の「**もし、何でも売れるとしたらあなたがやってみたい＆できるかもしれないと思う商品・サービスは何か**」だけど、書き出したかい？

はい、やってみました。でも、これでいいのかなって不安もあります……。あとは、質問の1〜6も見直して、思いつく限り追加しました。

全部、改めて考えてみたんだね。いい心がけだ！　**この質問は、また時間を作って定期的に書いていくといいよ。**

ありがとうございます。少しずつ増やしていこうと思います。

じゃあ、**最後の質問では、どんなことが出てきたかな？**

そうですね。過去の経験から、やっぱりパソコンスキルでの業務効率化や会社の人間関係で悩んでいる人の相談ならできそうな気もしました。あとは、ゲームの攻略情報なども販売してみたいです。

なるほど、いい感じだね！　じゃあ**次は、今すぐにでも教えられそうなことを考えてみるといいよ。**
たとえば、ゲームの攻略情報を販売するなら、きっとたくさんのゲームを今からやって、攻略していく必要があるよね。好きだけど、提供

までに時間がかかりそうなものは、まずは置いておいて、今すぐ相談
されても、ある程度答えられることから始めるのがオススメだよ。
なかなか忙しいと、時間を作ってゲームすることもできなくなるかも
しれないからね。

それだったら、パソコンスキルの向上はすぐに始められそうです！

OK！　次にやるのは、まず大まかに市場を調べてみるこ
とだね。

先生、市場を調べるって、どうするんですか？

市場を調べるっていうのは、これからはじめくんが**提供しようと思う
サービスを既に提供していたり、似たものを出している人**（同業者）を
調べてみることだよ。**同業者が多いか少ないかで、お客様がどれくら
いいるのかもわかる**よ。
たとえば、美容室とトレーニングジムはどっちが多いと思う？

うーん……、美容室ですか？　なんとなくですけど。

正解！　美容室のほうが多い。つまりトレーニングジムよりも美容室
を必要としている人が多いってことなんだ。ジムで筋トレをしたいか
どうかは人によるけど、髪の毛はほとんどの人が切るからね。

確かに、僕も筋トレはしないけど、髪は切ります。

そして市場調査は、同業やライバルのような提供者側を調べるだけで
なく、購入側、つまりお客様の困りごとや悩みも調べる必要があるよ。
はじめくんがやろうと思っているパソコンスキルや会社の人間関係を
よくするなど、**ビジネスの提供者側は、どんな商品やサー**

4
リサーチ

ビスを提供しているのだろうか。パソコンスキルと言ってもさまざまだろうしね。どんなことに特化して教えている人がいるかを、**一通り調べることから始めていこう。**

そして、次は購入側。**購入者はどんな困りごとがあって、その商品やサービスを購入するのかを考える**必要があるね！
たとえばパソコンスキルの場合、今やっている仕事で苦手なことがあるとか、将来のスキルアップのためだとか、転職や異動で必要になったとか。やりたいことがあるけど、その方法がわからない人や作業時間を短縮したいと思って人もいるかもしれない。
みんないろんな悩みがあって商品サービスを購入していると思うんだ。これらを調べていくといいよ！

はい、わかりました。どれくらい調べればいいでしょうか？

詳しい調べ方は後ほど伝えるよ。**まずは1時間くらい、改めてストアカやココナラ、SNSを見てみて。**
そして、自分が提供しようと考えている商品やサービスを既にやっている人にはどんな人がいるのか、どんな特徴のサービスがあるのかを調べてみよう。
できたら**表にまとめたり、メモをしておく**とあとから振り返りやすくていいよ！

わかりました。やってみます！

(読者のあなたもぜひ一緒にやってみよう)
-----------(1時間後)-----------
はじめくん、どうだったかな？

調べるのって意外と難しいですね。

でも、ストアカやココナラにはたくさんあっていろいろ調べることができました。

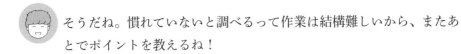

そうだね。慣れていないと調べるって作業は結構難しいから、またあとでポイントを教えるね！

はい！

では、**実際にどんなものがあったか教えてくれる？**

多いのがExcel、Word、PowerPoint、ワードプレスの使い方講座、資料の作り方講座、あとはZoomの使い方講座なども多かったです。

改めて、はじめくんにも**教えることができそうだと感じたものはあったかい？**

そうですね……。前回調べたときと同じ様に、僕が普段やっていることも多かったです。特にパソコン作業の効率化や時短のテクニックはよく調べたり使ったりしているので、できるかもしれません。
スキルシェアサービスで提供されている商品を見ていると、**僕が当たり前のようにやっていることを、お金を出してでも知りたいと思っている人がいるって気づきました。**
でも講師の人はみんな、自己紹介や肩書きがすごくて、僕がサービスを販売したところで、申し込みは来ないような気もしました……。

いい気づきだね。**プロフィールの書き方**については、次の５時間目で教えるから安心してね。心配しなくても、今のはじめくんのままでも大丈夫だよ！

はい、ありがとうございます。

では、ここではじめくんに課題を2つ出そう！

 課題ですか!?　ドキドキしますね……。

 1つ目の課題は、**"自分が提供したいと思う商品サービス"を実際に受けてみる**こと。
2つ目の課題は、**自分が個人的に"興味関心がある商品サービス"を受けてみる**こと。
この2つをやることで、はじめくんがサービスを提供する場合の具体的なイメージが湧くと思うよ。
数千円のお金を使うことにはなるけど、自分が提供するビジネスと同じサービスを体験することが、稼ぐのに一番有効な手段になる。
また、自分が興味のあるサービスを受けることによって、お客様側の気持ちもすごく理解できるようになる。だからぜひやってみてね！

 わかりました。付き合いの飲み会の1、2回分なので問題ないです（笑）。

 では、今日はここまで!!　市場調査の2段階目だね。次回までちょっと日数が空くからしっかり振り返りと復習をしておいてよ！

 はい。復習して課題にも取り組みます！

商品・サービスを購入してみる

こんにちは。今日もよろしくね。ところではじめくん、この前の最後の課題はどうだったかな？

先生‼ もう、そのときのことを話したくて話したくて……。今日、ここに来るのが待ち遠しかったです（笑）。

すごい勢いだね（笑）。どうだったの⁉

実は……、興味のあるサービスを受けてみたんです！

おおお！ 何を受けたんだい？

「恋愛ベタ男子必見！ これであなたもすぐに結婚前提の彼女ができる基礎講座」（※フィクションです）というのを受けたんですよ！
もう本当に感動しました！ 自分が困っていることを得意な人から教えてもらうってこういうことか‼ と衝撃を受けました！

今日は元気だね（笑）。**どんなことを教えてもらったんだい？**

まず、僕は恋愛を美化しすぎていて、会社の同僚、趣味の友人、大学時代の仲間などを、恋愛対象として見ていないと言われてハッとしました（涙）。僕は、恋愛対象の女性とは、紹介や飲み会とかで出会うものだと思っていたんです。「恋愛は友人の延長線上にもある」って聞いたときに電撃が走りました。
そして今は、マッチングアプリで将来のパートナーを探す人も多いということも教えてもらって、「今まで、僕は何をしていたんだ！」と

いう感じでした。先生に、この課題を出してもらって本当に感謝しています！　ありがとうございました！　僕、がんばります!!

いやいや、はじめくん。それはいいけど、もう卒業みたいに言うのはやめてくれ（笑）。もし、彼女ができたら、ご飯をご馳走したり、旅行にも行きたいだろう？　少しでも副業で収入を得ることで、かっこいいはじめくんになれると思うよ！

あ、確かにそうですね!!　副業ももちろんがんばります！

実際に参加してみると、見える世界が一変することが良くあるんだよね！　本当にいい経験をしたね。
（興味のあるサービスを受けたり購入したりするといいですよ！）

本当にいい体験をさせていただきました！

ところではじめくん、1つ目の課題の**"自分が提供したいと思う商品サービス"を実際に受けてみてどうだった？**

あ、すみません！　つい興奮してその報告を忘れていました！　もちろん、そちらも参加してきました。「**これであなたも会社の人気者、業務の時間が半分になるExcel作業効率化スキル**」（※フィクションです）というものを受けてみました。

どうだったかな？

内容自体は、僕も知っていることばかりだったのですが、「**知らない人にもどれだけわかりやすく教えられるか**」ということも、すごく大切だと感じました。

いい分析力だね！
他にも気づいたことや感じたことはあるかな？

いくつか受けてみました！　実際に一対一で質問をしてくれながら僕の困っていることや悩み（お客様を演じている）を聞いて、それを一緒に考えて教えてくださる方（お困りごとの相談解決）もいれば、一対多数でスライドを使いながら特定のスキルについて教えてくれる人もいたりして、すごく勉強になりました。個別でやるにしても、一対多数でやるにしても、大体の流れがイメージできました。

それは良かったね！　自分がサービスを提供する前に、お客様側を体験すると、すごくいろんなことを吸収できるんだ。**自分がやる場合のイメージがより具体的に湧いてくる**から、いざやるとなったときに、すごくいいサービスを提供できるようになると思うよ。講座やサービスを申し込んでから終了するまでの一連の流れも勉強になるからね。

「百聞は一見に如かず」というのは、本当にその通りだと思いました。

体験することでしか理解できないこともあるからね！

ありがとうございます！　他にもnoteで売っているゲーム攻略も買いましたし、ココナラ、ストアカ両方でサービスを受けました。
あとは、SNSで検索して見つけた、無料で相談に乗るってものに申し込みして参加してみたら、最後に10万円のサービスを勧められて、「え、高い！　詐欺!?」と思いました。それってどうなんでしょうか？
あと、値段はどうやってつければいいのでしょうか？

なるほど。じゃあこのあと、値段づけと商品サービスの作り方から、なぜはじめくんが詐欺だと思ったのかについても説明していくね。

④
リ
サ
ー
チ

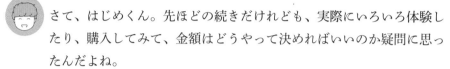

まずは低価格で提供できるサービスを
つくってみよう！

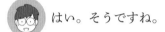
さて、はじめくん。先ほどの続きだけれども、実際にいろいろ体験したり、購入してみて、金額はどうやって決めればいいのか疑問に思ったんだよね。
無料だって聞いていたのに、高額なサービスを勧められたのは詐欺なのかって疑問もあるよね。

はい。そうですね。

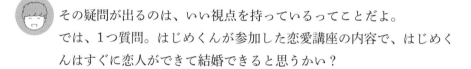
その疑問が出るのは、いい視点を持っているってことだよ。
では、1つ質問。はじめくんが参加した恋愛講座の内容で、はじめくんはすぐに恋人ができて結婚できると思うかい？

実践できれば、結婚できるんじゃないですか？

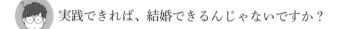
う〜ん……。では、いいなと思った女性と出会ったとして、初回のデートにどうやって誘う？　デートプランはどうする？　どうやって仲を深めていく？　どうやって告白をする？　まだ未知の部分がたくさんあるんじゃないかな？
わからないことや不安に思うこと、これから結婚に向けて乗り越えないとならない壁がくるだろうと予想できないかな？

確かに……。そうですね……（涙）。

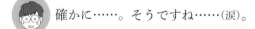
基本的に、**1回のセミナーや個別の相談は、1つの悩みに対して1つの解決方法やノウハウを教えてくれるもの**なんだ。だから、はじめくんは今回の恋愛講座で、自分が恋愛ベタである理由に気づいて、恋愛

ベタから卒業する方法論を知ったわけだよね。

でも、1つの悩みは解決できたけど、さっき話したすべてを解決することまではできないよね?

たとえばそこで、その講師が、はじめくんの性格や好み、今までの恋愛経験、今の状況などを全部把握してくれたうえで、出会い方や付き合う方法、デートの段取り、仲の深め方、付き合い方、その先の結婚までの道のりまでをマンツーマンで一緒に考えてくれるってなったらすごく嬉しくないかい?

え、それはすごく嬉しいです! お願いしたいです!

そうだよね。すると必然的に何度もやり取りしたり、何回も個別で話したり、回数を重ねてその都度、必要な情報を伝える必要があるよね?

確かにそうなりますね。

そうなると1回では済まないし、短い時間ではできないから、やっぱり料金が上がっていくんだよ。

はじめくんが無料の講座に参加して、10万円のサービスを勧められたのも、そういうことだったんじゃないかな?

ただジムで筋トレを教えてもらうだけなら、1回5000円くらいでできるかもしれない。

でも、痩せるっていう目的があって、それを達成するためのプログラムとして、筋トレ指導や食事指導、有酸素運動などを、全部オーダーメイドで作ってもらい、何度もジムで直接指導してもらうとなると、少しずつ高くなっていくのも想像できるよね。有名なものだとライザップをイメージするんじゃないかな。高額だけど、"確実に痩せられる個別指導"ってことで、申し込む人がたくさんいるよね。

そうですね。一時期、ライザップのCMばかり流れていた気がします。

そうすると商品やサービスの価格は、**1回完結で1つのテーマを伝えるものは低額。複数回で構成されていたり、期間が長かったりするものは高額**に設定される。

特に、**お客様が抱えている強烈なコンプレックスや悩みを解決してあげられることが高額商品になりやすい**んだよ。

はじめくんが詐欺かなと思った講座についても、はじめくんはお客様を演じていて全く興味がなく、求めているものではなかったから、余計にそう思ったかもしれないね!?

もしそれが、先ほどの恋愛のパターンに置き換えられたらどうかな？もしかしたら高額でも教えてもらいたいと思ったんじゃない？

確かに、そうかもしれません。人生が変わるかもしれないので、申し込みたくなるかもです。

だから、販売する側と購入する側が、お互いに「**本当に必要かどうか？**」を確かめるために「お試し○○」「無料○○」「体験○○」といったものがあるんだ。それがないと、「これは自分が思っていた商品・サービスと違った！」と言って、高額で購入してくれた人がたくさんキャンセルされると困ってしまうからね。

だから無料だったんですね！

そういうこと！

でも、いきなり数万円から数十万円のものを販売できるなんて思えないです……。

そうだよね。だから、**最初はスキルシェアサービスのプラットフォームで安くてもいいから販売して、経験を積みながら実力や自信をつけていく**といいよね。

１回限りの商品サービス

ワンテーマ１回限りの商品サービスは、無料や安価などが多い

オーダーメイドの商品サービス

オーダーメイドのサービスや複数回に渡ってサービスが行われる場合、高額になりやすい

 どれくらいの金額から始めたらいいでしょうか？

 基本的には、**同業の人たちが販売している商品・サービスの相場に合わせる**のがいいかな。

でも、それだと人気の人に集中してしまうから、まずは1000円くらいで、それぞれの**プラットフォームが指定する最低金額あたりからスタート**してみるといいよ。

そうすると、お客様が抱えているリアルな悩みを知ることができたり、参加者からの喜びの声が評価としていただけるし、それが増えると自信もついて、サービスの質も向上し価格も上げやすくなると思うよ。

 確かに、いい評価をもらえたら自信になりそうですね！　値づけについてはわかりました。

次は実際に販売するまでの具体的な流れが知りたいです。

 そうだね。今は、**①自分の棚卸しをする、②やってみたい商品サービスの検討をつける、③市場をリサーチする**、まで進めてきたわけだけれど、この先はこんな流れになる。

④同業をリストアップして分析する
⑤同業をモデリング（真似）して自分なりの商品を作ってみる
⑥実際にスキルシェアサービスに登録して販売してみる
⑦SNSをスタートして情報発信をしてみる
⑧LINEを使って自動化する
⑨高額商品を販売してみる

だから次にやるのは、**④同業をリストアップして分析する**ことだね。

 まだまだ先は長いんですね！

 でも、もう既に3分の1くらいは終わったことになるから、いい感じで進んでいるよ！

 わかりました！　未来の彼女に美味しいご飯をご馳走できるようにがんばります！

 うん！　モチベーションはすごく大切だね！

副業の一番カンタンなはじめ方

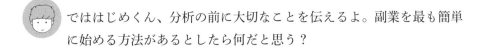 でははじめくん、分析の前に大切なことを伝えるよ。副業を最も簡単に始める方法があるとしたら何だと思う？

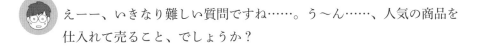 えーー、いきなり難しい質問ですね……。う〜ん……、人気の商品を仕入れて売ること、でしょうか？

それももちろん正解ではあるよ。
物販になると、商品を仕入れる予算などもあるから、最初にそれをやるのは、少しハードルが高いかもしれないよね。実は、言葉が悪いけど、**パクることが一番大切で早い**んだ！

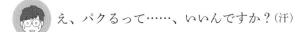 え、パクるって……、いいんですか？(汗)

もちろん**そっくりそのままパクるのはダメ**だ。
あとで詳しく説明するけど、世の中のビジネスのほとんどは、そうやって成り立っているんだよ。マーケティングの言葉で言うと「**同質化」という戦略**なんだ！

え、そうなんですか？ 同質化？

そうだね！ たとえば、吉野家とすき家、マクドナルドとモスバーガー、コカ・コーラとペプシ、iPhoneとAndroid、並べてみるとどう？

すごく似ていますね……。

そうなんだ。たとえば、iPhoneにいい機能が追加されたら、Android

にもあとから似たような機能が追加される。逆もしかりだね。家電だとすごくわかりやすいよね。洗濯機に乾燥機能が追加されて新商品が出れば、他のメーカーもこぞって同じく乾燥機能をつけて新商品を開発していくんだ！　市場はそうやって競争して成長しているんだよ。

おおお！　わかりやすい！　確かに、そうですね！

はじめくんも知っている**「学ぶ」という言葉は「まねる（まねぶ）」という言葉が語源とされている**んだ！
たとえば、両親を見て歩くまねをしてみたり、話すまねをしてみたり、表情のまねをしてみたり、大人になってきたら部活なども先輩のまねをして上手になるし、アルバイトも先輩のまねをして仕事ができるようになっていく。会社に入っても先輩や上司のまねをして仕事を学ぶよね。人間はまねをしながら学んで、成長していくんだ！

パクるって言われると、抵抗がありますが、そう言われるとその通りだなって納得しました。

ビジネスの世界では、この考え方を**「徹底的にパクる＝TTP（ティーティーピー）」**と呼んでいるよ。
諸説あるけど、トリンプインターナショナルの元日本法人代表である吉越浩一郎氏の言葉だと言われている。

知りませんでした！

でも、ここですごく重要な問題があるんだ。
多くの人は、これまでの人生でカンニングはいけないことだと教えられているから、「人のアイデアをマネするのはダメだ」という感覚が刷り込まれているってこと。

僕も「パクったらダメ」と言われる気がするので、抵抗がありますね。

そうだよね。でもビジネスは別なんだよ。どんなビジネスも、突き詰めて考えると、どこかしらの部分で何かのまねをしていることがわかるはずなんだ。

ただ1つ注意が必要なのは、さっきも触れたけど、TTP、つまり**徹底的にパクるときに、全部をそのままパクったら絶対にダメ**だってこと。他の人が作った資料をそのまま使ったり、画像をパクったり、全く同じプロフィールにするのももちろんダメだ。

あ、そういうことなんですね。でもじゃあ、どうすれば……。

TTPのやり方は、**自分が「いいな」と思ったものの「考え方」や「取り組み方（やり方）」なんかを参考にさせてもらって、自分の言葉に置き換える**こと。これが、TTPだよ。フォーマットや流れを参考にさせてもらうってことでもある。

自分がやっていきたいことの戦略や答えは、既にすべて世の中にあると考える。そして、**同業のライバル、一歩先を行く先輩がやっているフォーマットを、しっかり自分の中に取り込んで、自分の言葉で書き換えていく**んだ。

そして、そこに自分の得意なことやオリジナルの要素、才能、人柄を組み合わせて、他の人との差別化ができるようになっていくんだよ！

なるほど！　ありがとうございます。すごく腑に落ちました!!
僕が実際に参加した講座で、「この教え方、上手だな」とか「この自己紹介は面白いな！」と思ったことを取り入れていくってことですね！　理解するほど、だんだん楽しくなってきました！

いいことだね！　では次に進んでいくよ！

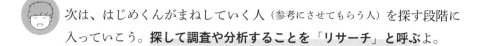

自分のロールモデルを10人見つけよう

次は、はじめくんがまねしていく人（参考にさせてもらう人）を探す段階に入っていこう。**探して調査や分析することを「リサーチ」と呼ぶ**よ。

リサーチは、2時限目や4時限目でやったことに近いですか？

そうだね。以前自分がやりたいサービスを既に行っている人を探そうという話をしたね。スキルシェアサービスなどで市場調査（リサーチ）をしたよね。これと同じように、はじめくんのロールモデルを探す（リサーチ）方法を教えるね！

はい、お願いします！　ちなみにロールモデルってなんですか？

あ、そうだね。ロールモデルとは先ほど話したように、**自分より先に進んでいる人で「マネすべき対象」**のことだよ！
たとえば、いいなと思えた10人の同業者のSNS投稿、世界観、プロフィール文、LINE公式への登録のプレゼント内容、セミナーのタイトルなどを、はじめくんがまねできる部分があれば、取り入れていけば、イチから自分で考えるよりも効果的にビジネスを進めていくことができるよね！

「成功するための答えは全部、世の中にある！」ですね！

その通り！　リサーチするにあたって大切なことは、**時間をかけて根気強くたくさん調べること**。調べる対象は、自分がやりたいと思う職業、業種で、さらにお客様になる人が抱える悩み、お困りごと、解決したいと思っていることについても調べていくといいよ。

たとえば、痩せたい人ならば、「ダイエット」「先生」や「三日坊主」「リバウンド対策」「糖質ダイエット」「30代」「痩せ方」など思い付いたキーワードをGoogleで調べてみよう。そうすると、既にダイエット指導をしている人のブログやInstagram、YouTube、HPなどがたくさん出てくると思う。そこで、**この人みたいになりたいと思える人やアカウントを10名ほど見つけよう。**

Googleなどの検索エンジンだけでなく、ブログ、Instagram、YouTubeなどのSNS内で調べると、検索エンジンとは異なる人がヒットすることもあるから、時間をかけていろいろと調べてみて。

もちろん、以前のように**スキルシェアサービスの中でも調べてね。**最初は、スキルシェアサービスを使ってサービスを提供することが多いから、ロールモデルとなる人を見つけやすいと思うよ。

 いいなと思えるアカウントを探すんですね。やってみます！

 探すときの基準を、SNSやGoogle検索で探す場合、そしてスキルとシェアサービスで探す場合をまとめてみたよ。

図 **ロールモデルを探すときの基準**
（SNS）

❶ プロフィールが整っている

❷ LINE公式やメルマガを発行している

❸ SNSなどで50投稿以上をしている

❹ フォロワーが1000人以上いる

❺ 最低でもSNSを週に1度は更新している

❻ 商品サービスがあって、お客様の成果が出ている

図

ロールモデルを探すときの基準
（スキルシェアサービス）

① たくさんのセミナーを開催している or サービスを提供している
② お客様から感想や口コミの評価が高い

でもまずは、はじめくんが「こうなりたい！」と思える存在を
5人、自分よりもちょっと先を行く先輩を5人、それぞれ
選んでみるといいかな。

 わかりました！

ロールモデルの分析ポイント

 ロールモデルを見つけたあとは、どうすればいいですか？

 ロールモデルを見つけたら、次の項目をチェックしていこう。
たとえば、ストアカやココナラなどのスキルシェアサービスで見つけたロールモデルであれば、次の項目などを重点的に見てみよう。

①商品サービスのタイトル
②商品サービスの紹介文の書き方や流れ
③商品サービスのタイトル画像や価格
④プロフィール（自己紹介）の文章
⑤レビューの数や内容
⑥その人のその他のサービス

 誰でもできる仕組みを創る、ビジネスプロデューサー
北島 和泰
⊘ 本人確認済み
★★★★★ (33)

教えた人数 66　教えた回数 26

TOP　　　講座　　　レビュー

プロフィール

「お前、こんなことができるのか😲」
ほぼタダで実現可能な
40億円のコストカット実行案に
アマゾンジャパン社長もビックリ仰天！

最小労力で最大成果を出せる仕組みを
誰でもマネできるように標準化する
ビジネスプロデューサーです！

SNSで見つけたロールモデルであれば、次の項目などを重点的に見ていこう。

①プロフィール文章
②アイコンの画像
③SNSの発信内容
④LINE公式やメルマガがある場合：発信内容と登録プレゼントの有無
⑤LINE公式やメルマガがある場合：プレゼントはどんなものか
⑥お試し商品や高額商品の金額やタイトル

このリサーチと分析を繰り返していると、ロールモデルとなる人が「誰の、どんな悩みに対し、どんな情報を伝え、どんなサービスを販売して購入されているのか」がわかるようになってくる。
これをうまくまねして取り込んでいくんだ。

 めちゃめちゃ難しそうじゃないですか！　僕できないですよ。

 大丈夫、大丈夫！　慣れていないだけだよ!!
たとえば、ダイエットや体型管理を教えている人が2人いたとしよう。
Dさんは、普通の体型の20代女性向けで、自分の体にもっと自信が

欲しくて、よりキレイにスリムになりたい人へ、モデルのようなスラっとした美ボディになる情報を教えている。最終的に、美ボディマンツーマントレーニングコースに申し込んでもらっている人。

Eさんは、ぽっちゃり体型の30代女性向けで、ダイエットをしてもうまくいかず、なかなか成功できない人に、無理せず楽しく続けられるダイエット情報を提供。最終的には、オンラインダイエットサポートに申し込んでもらっている人。

この2人は、両方とも「ダイエットを教える人」というカテゴリーに入るかもしれないけど、全然違わないかい？

 はい、全然違いますね。

 こういった分析ができるようになると、はじめくんのお客様になりそうな人はどんな人なのか、その人たちはどんな発信内容やプロフィールに興味を持つのか、というのが少しずつイメージできるようになるよ！

4
リサーチ

Dさんの
提供するサービス

Eさんの
提供するサービス

理解はできるのですが、やっぱりすごく難しそうな感じがします
……。

やったことのないことをするのは、何事も難しいと思うよ。
でも、ロールモデルを探したり、リサーチをしているうちにだんだん
慣れてくる。すると**ビジネスの流れを具体的にイメージできるように
なってくる**はずだよ。

はじめくんが副業を始めるにあたって、まず最初は、スキルシェア
サービスだけで、始めてみよう。慣れてきてからInstagramやLINE
公式などのSNSもスタートさせられれば、そこでストアカやココナ
ラの募集ページをSNSで紹介して、お客様をSNSからも誘導するこ
ともできるようになるね！
そのあと少しずつ稼げるようになれば、期間の長い価格を上げた本命
商品を作って、SNSのフォロワーの中で興味のある方に販売していこ
う。

う～～～～～ん……。やっぱりまだまだ難しいです……。とりあえ
ず、リサーチからやってみます……。

そうだね。そんなに難しい顔をしないで。でも、まずはやってみよう
と思うはじめくんの心がけが素晴らしいと思うよ！
もう頭がパンパンだね（笑）。今日はここまでにしようか！

はい。もう沸騰しています……。家で復習しながら取り組んでみます
ね。

商品作りに必要な3C分析とは？

 はじめくん、こんにちは。今日もよろしくね！

 お願いします！

 さて、はじめくん。実際にリサーチして、ロールモデルを探してみてどうだったかな？

 すごく大変でした（汗）。最初は検索してもなかなか出てこなくて……。でも、いろんな言葉で検索しているうちに、だんだんと慣れてきました。
あとは、先生が教えてくれた分析事項を見ていたら、他の人がどうやってビジネスをやっているのかも、なんとなくわかるようになってきました！
でも、またわからないことが出てきたので質問してもいいですか？

 うん。もちろんだよ！

 実際にたくさんの人を見たときに、先生の言っていた「**誰の、どんな悩みに対し、どんな情報を伝え、どんなサービスを販売しているのか**」が少しずつわかってきました。
でも、それを自分の場合に置き換えるにはどうすればいいのか、どう作ればいいのかが、全くわからないんです！

 それはいい質問だね！　では今日は、お客様に選んでいただける商品作りのための準備の方法からお伝えしていくね！
実は、ビジネスには難しい用語がたくさんあって、あまり使わなかっ

たけど、**3C分析**ってものがあるんだ！

 3C分析ですか？　なんだか難しそうです……。

 そう難しいことではないよ。**3Cとは、Company**（自分・自社）、**Competitor**（競合・他社）、**Customer**（市場・お客様）**の３つの頭文字を取った名前**なんだ。

 英語はキライです……。

 まぁまぁそう言わずに。実はこの３つの内、はじめくんは既に２つの分析を終わらせているんだよ。

 え、そうなんですか？

 前に、はじめくんにいろいろと質問して**自分のことを棚卸ししてもらったよね。それが最初のCompany**（自分・自社）**の部分**。自分の人生経験から強みや才能、無意識レベルでできる得意なことを書き出してもらって、いろんなヒントが出てきたと思う。

 そうでした！　あれがCompany（自分・自社）だったんですね！

 次に**Competitor**（競合・他社）**は、同業やライバル、先を行く先輩がどんな商品やサービスをどんな人に販売しているかを知る**こと。言わば、同業の長所はどこかってことだね。
これも先日のリサーチでやってもらった通り、たくさんの人がいたよね。

 はい。本当にさまざまな人がいました。

 そして今日、考えていくのが**Customer**（市場・お客様）の部分。副業を

成功させるうえで、**お客様を詳しく知る**ことが、とても重要なんだよ。

「お客様のことを詳しく知る」ですか?

そう。今までスキルシェアサービスやSNSをリサーチして、お客様がどんなサービスを受けたいのかが、直感的に少しずつわかってきたんじゃないかな。

はい。商品やサービスのタイトルや説明文、見つけたロールモデルの人の発信から、少しわかってきたかもしれません。

実際にお客様のことをもっと具体的に理解できるようになると、商品サービスのタイトルや紹介文、SNSの発信内容やプロフィールなどがうまく作れるようになっていくよ!
たとえば、はじめくんのように、会社員をしていて、お金も時間も少ない。将来に不安を抱えていて、何か自分にできることで副業を始めてお金を稼いでみたいけど、何をどう取り組んだらいいのかわからない。そんなはじめくんのような人に、月10万円の副収入を得るための講座を販売する場合、
「会社にバレずにコッソリできる!!　強みや才能がない人必見!!
1日1時間からはじめられる月収10万円の副収入の作り方セミナー」
みたいなタイトルが考えられるかもしれないね!

おおお!　先生、お見事です!　すごいですね!

では、具体的にお客様のことを詳しく知るにあたって、いくつかのポイントがあるから、それについて話していこう。

4
リサーチ

お客様はあなた自身とあなたの商品サービスには興味がない

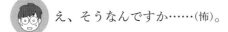ここで最初に、大切なポイントを教えるね。ちょっと驚くかもしれないね。

え、そうなんですか……(怖)。

まず、これから副業でビジネスを始めるうえで、お客様のことを詳しく知って理解しないとならないって話をしてきたね。
最初に知るべき衝撃の事実なんだけど、それは、**お客様は、はじめくんや、はじめくんが提供する商品やサービスには一切興味がない**ということなんだ。

え!!　それってどういう意味ですか？
お客様は、サービス提供者やサービスそのものに惹かれて、購入するんじゃないんですか？　実際に、僕がゲームの教材や恋愛の講座に参加したのは、興味があったからです。

うん。はじめくんの言いたいことは、よくわかるよ。
でも、それでもお客様は「サービス提供者や提供する商品サービスには一切興味がない」んだ。
成功するためには、それを理解する必要があるよ！

全然納得できないです。先生、教えてください。

実は、はじめくんを含む世の中の多くの人は、**興味があるから商品やサービスを購入している**と思い込んでいる。

思い込んでいる？

 そうなんだ。実際に、はじめくんが恋愛講座を受講したいと思ったのは、なんでかな？

 リサーチしている最中に、『恋愛ベタ男子でも彼女を作る方法』というタイトルを見つけて、すごく興味が惹かれて参加しました。

 そうだね。はじめくんは、興味があるからこそ参加したんだと思っているよね。
でも、実はそうじゃない。ここが重要なポイントなんだ。
実は人間は、**自分自身のことにしか興味がない生き物**なんだよ。それは、**自分がどうなれるのかにしか興味がない**とも言い換えられる。
言っている意味がわかるかい？

 えっと……。どういうことですか？

 順を追って説明していくね。
はじめくんは恋愛講座を見つけたとき、「僕にも将来結婚を前提とした彼女ができるかもしれない」と思ったんじゃないかな？

 確かにそう思いました！

 そうだよね。まずは、はじめくんが「結婚を前提とした彼女ができるかもしれない」と"期待した"ってことが、最初なんだ。**自分がどうなれるかが一番**。そのあとに、どんな人が教えているんだろう？　どんな内容なんだろう？　と考えたはずだよ。
そして実際は、"本当に短期間で彼女ができるなら"教えている講師のことよりも、教えてもらえる内容に興味を持ったんじゃないかな？

僕は、講師とその講座の内容に魅力を感じたから受講したと思っていたんですけど……。

 「この人の、この講座は、本当に役立つ情報を自分に提供してくれるのか」と、**「信用できるかどうか」の判断材料**として、講師のプロフィールや自己紹介文を確認したり、口コミをチェックしたりしていたんだと思うよ。

 「この人の講座を受けたい」と思ったのは、その人が教えてくれる内容なら、自分の役に立ちそうだと判断したってことなんですね。

 そうなるね。その恋愛講座の講師の自己紹介には、こんなことが書かれていたんじゃないかな？
　"自分も10年以上彼女がいなくて恋愛ベタだったけれど、あることに気づいてそれを実践したら、すぐ彼女ができた。たとえその彼女と別れても、またすぐに別の彼女ができるようになり、その方法を他の人に教えて実践してもらったら、その人たちも高確率で彼女ができています"。そして"高確率で結婚を前提とするお付き合いができる人が増えています"みたいな……。
　口コミやレビューには、「教えてもらったことを実践したら、本当に彼女ができました」「僕でも女性とデートすることができました」「結婚できました！」って感じのことが書いてある。
　これなら多くの人は、それを信用して参加する決断をすると思うよ。

 ……本当に、その通りです……。先生！　エスパーですか？

 このことで、はじめくんに何を伝えたいのかと言うと、商品やサービスのタイトルや、SNSの発信では、**「お客様が未来でどうなれるのか？」**というお客様が知りたい情報を提供しないといけないってこと。そうすればお客様は、必要な情報をくれるはじめくんをフォローした

り、セミナーに来てくれたり、仕事をオファーしたりする。

 想像を遥かに超える考えのもとに、作られているんですね！

 はじめくんが僕のところへ来た理由だってそうだろう？
そして、この本を手に取ってくれている読者も同じだと思う。
「副業で稼げるようになるかもしれない」って、そうなったときの未来
の自分を想像し、期待して、ここに来てくれたり、本を手に取ってく
れているはずだよ！

 確かに、そうです……。
（先生は、いつも読者とか本とか何を言っているんだろうか……）

 お客様を理解する最初の一歩として、**お客様は自分のことにしか興味
がない**と、しっかり頭に叩き込もう！

 はい！　わかりました！

 では、そのために僕たちは、もっとお客様について知らないといけな
いよね。
ここからは具体的に、お客様の何を知らないといけないのかについて
話していこう。

 はい！　お願いします!!

105

「お客様自身よりもお客様を知る」質問

では、はじめくん。ここからは、お客様のことを知るための質問をしていくよ。はじめくんが**"お客様自身よりもお客様のことを知る"ことができれば、その人は自然とはじめくんに集まってくるようになる**んだ。

ちなみに、この考え方が身につけられれば、はじめくんは女の子にもかなりモテるようになるし、出世もできるよ！

ええ！　本当ですか？　それはぜひ早くやりたいです！

その前のめりの姿勢、いいね。では始めていこうか！

今からする質問について考えを巡らすことは、はじめくんがお客様をより良く知るための助けになる。

質問の答えに正解不正解はないから、思いつくままにどんどん書き出していこう。

質問❶ お客様はどんな悩みを抱えているのか？

お客様が実際に困っていること、悩んでいること、解決したいこと、つらいことは何だろうか。きっとお客様はいろんな種類の悩み、困りごとを抱えているから、全部書き出してみよう。

参考にいろんなビジネスの場合の事例を出していくね！

- ダイエット方法を教えるビジネスの場合

  太っていてなかなか痩せられない／甘いものがやめられない／いつもリバウンドしてしまう／ジムやエステに行くけど続かない
- 恋愛やパートナーシップを教えるビジネスの場合

  結婚したいのにパートナーができない／夫婦関係が良くない／出会

| 図 | 「お客様自身よりもお客様を知る」質問 |

質問① お客様はどんな悩みを抱えているのか？

質問② お客様はいつから悩んでいるのか？

質問③ お客様は、悩みを解決するためにどんなことに取り組み、どれくらいの時間とお金を使ってきているのか？

質問④ その悩みがあることで起きるつらいこと、困ることは何か？

質問⑤ お客様はいつも心の中でどんな言葉をつぶやいているのか？

質問⑥ お客様はどんな環境でどんな生活をしているのか？
（人間関係、仕事内容、友人、生活リズム、休日の使い方、家族の有無など）

質問⑦ お客様は悩みを解消してどうなりたいのか、どんな未来を期しているのか？

質問⑧ お客様はどんな目的でSNSを見て、どんなキーワードでSNSを検索しているのか？

質問⑨ お客様の消費行動には、どんな傾向があるのか？
（いつ、どこで、何を、いくらで、なぜ買うのか？）

4
リサーチ

いの機会がない／異性と会話を盛り上げられない／喧嘩ばかりで仲が良くない

- 会社員の悩みに答えるビジネスの場合
会社の人間関係に悩んでいる／昇進したい／営業が苦手／仕事が嫌い／転職したい
- 副業の仕方を教えるビジネスの場合
会社員の給料だけだと将来が不安／娯楽を楽しむ時間がない／家族で旅行や贅沢ができない／子どものやりたいことにお金を使えない／副業を始めたけど集客や販売がうまくいかない

などかな。

質問❷ お客様はいつから悩んでいるのか？

実際にいつからどれくらいの期間、悩んでいるかを知ることで、抱えている悩みがどれくらい深刻なのかを理解できるよ。

たとえば、会社の人間関係に悩んでいる場合、入社6年目のサラリーマンで、上司が代わった3年前から悩みを抱えているとする。だとしたら、人間関係の問題を抱えたまま3年もの期間を過ごすのは、きっとすごくつらいんじゃないかな。

質問❸ お客様は、悩みを解決するためにどんなことに取り組み、どれくらいの時間とお金を使ってきているのか？

この質問を考えると、お客様をリアルに想像できるようになるよ！

たとえば、さっき事例に出した会社の人間関係に悩んでいる人の場合だったら、上司や先輩とうまく付き合うために、同僚や友だち、または親に相談しているかもしれない。他にも、SNSで検索したり、YouTubeの動画を観たり、本を買ったり、もしくは、講座やセミナーで勉強したり……。いろんなことを試して解決の糸口を探っている可能性も高いよね。

しかも、3年間も悩んで勉強していてもなかなか解決できない……、状態かもしれないよね。

質問④ その悩みがあることで起きるつらいこと、困ることは何か？

悩みから派生するお客様のつらさを理解することで、お客様がより興味を持ちやすい発信内容やコンテンツを考えることができる。

たとえば、「営業が苦手」な人の場合は、営業が嫌いで成績も良くないから、仕事が苦痛だったり、上司からの嫌味も多かったりするかもしれない。給料も上がらないし、自己肯定感は下がって、プライベートの時間も楽しく過ごせなくなってしまう……。

人によっては、こんなこともあるかもしれないね！

質問⑤ お客様はいつも心の中でどんな言葉をつぶやいているのか？

お客様の口癖や心の中のつぶやきを理解することで、お客様に「この人は、つらい気持ちをわかってくれている！」と思ってもらえる。すると、お客様からの信頼を、より集めることができる。

　たとえば、

- ダイエット方法を教えるビジネスの場合
  夏までに痩せる！／今年こそは痩せたい／このまま痩せられないかもしれない……／これを食べたらまた太るな／運動しないといけないな／わかっているけどできない……／いいサプリやダイエット方法はないかな？／みんな痩せていて羨ましい……
- 恋愛やパートナーシップを教えるビジネスの場合
  クリスマスまでに彼氏が欲しいな／気になる人とうまく話せたらいいのに／もっとモテたい／自分に自信が持てない／30歳までには結婚したい！／いつも夫（妻）が不機嫌でイライラする／もっと夫（妻）に自分の意見を伝えたい／仕事ばかりで会ってくれなくて悲しい
- 会社員の悩みに答えるビジネスの場合
  給料が全然上がらない／どうやったら昇進できるんだろう／仕事に行きたくない／キャリアアップしたいな／どうすればスキルアップできる？／あの人に会いたくない／体調が良くない

みたいなことを、心でつぶやいている人が多いかもしれないね。

参考例があるとすごくわかりやすいですね。
でも、少しずつ考えるのが難しくなってきました。なかなか考えても
出てこない場合は、どうすればいいですか？

そうだよね。最初はお客様の気持ちになることは難しいかもしれない
から、わからない部分があっても大丈夫だよ。
そんなときは、**お客様の悩みを解決するのに参考になる本を読んでみ
たり、ライバルや同業者のSNSをリサーチしたりすると、理解が進
むことも多いよ**。まずは、妄想や想像でいいんだ。ゲーム感覚だった
り、俳優や女優になった感覚で考えてみるのもオススメだよ。

そうなんですね。ちょっとホッとしました。書き出してみます！

うん、いいね。では次に進んでみよう。

質問⑥ **お客様はどんな環境でどんな生活をしているのか？**

（人間関係、仕事内容、友人、生活リズム、休日の使い方、家族の有無など）

これらを具体的に考えられると、よりお客様の気持ちに寄り添えるよ
うになるよ。たとえば、

- 夫婦関係が良くない人の場合
  友だちが多い／お互いにフルタイムの仕事をしている／休日も仕事
  かそれぞれの別の趣味などで忙しい／寝る時間がバラバラ／付き
  合いの外食が多い（食事を一緒に取る機会が少ない）／スキンシップやコ
  ミュニケーションが少ない

などがあるかもしれないね。もっと具体的に深掘りして考えるといいよ。

質問❼ お客様は悩みを解消してどうなりたいのか、どんな未来を期待しているのか？

お客様が求める未来を僕たちが深く知ることができれば、その未来を得るための方法を商品やサービスで提供できる。そうすれば、お客様から喜ばれるようになるよね。

たとえば、恋愛のアドバイスをビジネスにしたい人が、はじめくんをお客様にするのであれば、"彼女が10年いない→彼女が欲しい"ということが期待する未来だよね。**期待する未来を考えるコツは、その先も考えてみること。**

「なんで？」と何度も唱えて、考えてみるってことだよ！

はじめくんは、なんで彼女が欲しいんだい??

 友だちに結婚する人が増えてきて、将来幸せな家庭を作りたいって思ったからです。

 なんで将来幸せな家庭を作りたいのかな？

 僕は両親にすごく愛情をかけて育ててもらえたので、家庭がすごく大切で温かいものだと感じています。

だから、いつかは僕も、温かい自分の家庭を作って幸せになりたいんです！

 なるほど！　ありがとう。今教えてくれた話から考えると、はじめくんがお客様だったら、きっとただモテるようになるセミナーよりも、「数カ月以内に、将来のパートナーを見つけられる恋愛コミュニケーション活用術」みたいなほうが惹かれるんじゃないかな。

 仰る通りです！　ナンパでモテるとかではなく、将来を見越した恋愛ができるようになりたいです!!

そうだよね！　こうして、「なんで？」を繰り返して深掘りしていくと、お客様が求める未来をしっかりイメージできるようになるよ。

 やり方、よくわかりました。

 では、次の質問にいくよ！

質問❽ お客様はどんな目的でSNSを見て、どんなキーワードでSNSを検索しているのか？

これを把握することによって、お客様から、はじめくんをより見つけてもらいやすくなるね！

たとえば、痩せたい人であれば、いいダイエット方法はないかとか、InstagramやYouTubeのインフルエンサーはどうやって痩せたのかとか、日頃から気になっていると思う。そう考えてみると、**検索キーワードは、「リバウンドしない痩せ方」「食べながら痩せる」「ズボラダイエット」「三日坊主対策」「簡単に痩せる方法」**のようになるんじゃないかな。

こうやってイメージしてみたら、これらのキーワードで実際にリサーチしていく。すると、お客様が求めていることや、どうなりたいかが、よく理解できるようになるんだよ。

妄想や想像で、お客様になりきって行動してみることが大切だね。

質問❾ お客様の消費行動には、どんな傾向があるのか？
　　　　（いつ、どこで、何を、いくらで、なぜ買うのか？）

ここまで詳細に考えることができれば、もうはじめくんはお客様と一心同体レベル！　お客様の欲しい情報を提供できるよ。

たとえばダイエットしたい人は、どんなものを買っているのだろう。Amazonや書店でダイエット本を買ったり、トレーニングジムに入会したり、ダイエットサプリをネットで探したり、インフルエンサー

が主催するオンラインダイエットサポートサービスを購入したり、YouTubeで話題になっているダイエット法を試したり……。

あとは、食事にも気を使っていることが想像できるよね。ネットで無農薬・無添加の食材や食品を探したり、低糖質や低脂質のメニューを考えたり、プロテインを購入したりもしているかもしれないね。

さっきリサーチの話をしたけど、お客様が何に興味があって、どんな行動をし、どんな物に購買意欲を掻き立てられるのかを詳細に考えることで、お客様が本当に求めているものを提供できるようになるよ！

全部書き出すのには、かなり時間がかかりそうですが、これを取り組めば、お客様のことを深く理解できるような気がします。

こういったワークは大変だけど、1つひとつ調べながらでも、考えることが大事だよ。一度やってみると、その後の変化が大きいから、宿題にして、ぜひじっくり取り組んでみて！

僕もよく、**これらの質問についてじっくり考えて書き出すためだけに、ホテルや旅館に籠もって"1人合宿"をしている**よ。それくらい重要な質問集だから、ゆっくりでもいいからきちんと時間を使って考えてみてね。

わかりました。副業の成功と将来の彼女のためにがんばります！

そうだね!!　実際に書き出すときに難しくて、何を書いたらいいのか、どうイメージしたらいいかって、きっとわからなくなるときもあると思う。そのときは、すべての質問に対して**今や過去の自分の悩みに置き換えて書いてみる**と、スッと理解できるようになったりするから、参考にしてみてよ！

それなら、すぐにできそうな気がします！　やってみます。

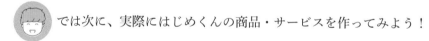

実際に商品やサービスを作って販売してみよう！
スキルシェアサービスの商品とSNSで販売していく商品の違い

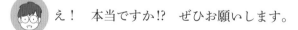 では次に、実際にはじめくんの商品・サービスを作ってみよう！

え！　本当ですか!?　ぜひお願いします。

商品やサービスには、2つの種類がある。その2種類とは、**低価格（無料含む）のものと高価格のもの**だ。

低価格のものは「お試し商品」、高額のものは「本命商品」と呼ばれているよ。お試し商品は、わかりやすく言うと、スーパーの試食のようなイメージだね！

はじめくん、**スーパーの試食ってなんであるのか知っているかい?**

えっと、味を知ってもらうためですか？

そうだね！　味を知ってもらったら、そのあとはお客様にどんな行動を取ってほしいかな？

あ、カゴにその商品を入れてもらうこと。つまり購入に繋げたいんですね！

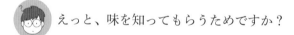 正解だ！　**無料で試食してもらって美味しさを知ってもらい、購入してほしい商品を買ってもらう。**そのためには試食してもらって**美味しいと感じてもらうことが重要**なんだ！

たとえば、ファストフードチェーンのコーヒー無料クーポンやエステサロンなどの初回割引なども同じような目的だね。ファストフードならコーヒーをもらったらハンバーガーも注文するかもしれないし、エ

ステサロンを割引価格で体験をしたら、その後のコースの申し込みを検討するかもしれないよね。

 体験◯◯、無料◯◯、お試し◯◯ってとても多いですもんね！

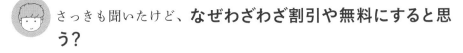 さっきも聞いたけど、**なぜわざわざ割引や無料にすると思う?**

きっと体験してもらって良さを感じてもらうためですね。

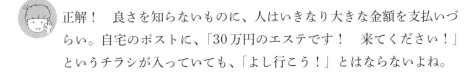 正解！　良さを知らないものに、人はいきなり大きな金額を支払いづらい。自宅のポストに、「30万円のエステです！　来てください！」というチラシが入っていても、「よし行こう！」とはならないよね。

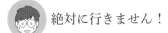 絶対に行きません！

はじめくんがそう考えるのと同じように、わざわざ最初から高い金額で商品を買いたい人なんて、ほとんどいないんだ。できれば安く済ませたいと考えるのが普通だからね。
だから、いきなり高い商品しかないと思われると、なかなか人が集まらないんだよ。**人が集まらないとどうなると思う?**

えっと、お客様が来ないので売上が立たない。

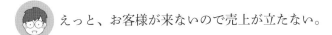 つまり?

赤字ですか?

その通り。赤字が続いて廃業になってしまうね！
それを避けるために、はじめくんは、まずどうしたらいい

4
リサーチ

と思う？

お客様にたくさん来てもらう……、ですかね。

そうだよね！　だから、**お客様にたくさん来てもらう＝集客のために、低価格のお試し商品が必要**になってくるんだ。

本当に買ってほしいものを売る前に、お客様に商品の良さを体験してもらうことで、「すごくいい！」「自分の求めていたモノだ！」「買いたい！」という気持ちになってもらうことが必要なんだ。

はじめくんも、いきなり数十万のコミュニケーション講座は受講しないけど、「話し上手になることで自信が湧いて、半年後に結婚前提の彼女ができるかもしれない」と思えば、「30万円でも安いかも？」と思うかもしれないよね。

無料やお試しの商品を販売して、買ってくれたお客様が10人いたとする。そのうち、本命の商品を3人でも、4人でも買ってくれたら売上が伸びるんだ！

なるほど！　そう考えると世の中すべてがお手本のように感じてきました！

そしてお試し商品→本命商品の流れはイメージがつきました！

ただ、目の前に来てくれたお客様に「欲しい！」と言ってもらえるような話をするには、セールス力（販売力）も必要になる。

それについては、7時間目でお伝えしていこう！

まずは簡単に商品を考えてみよう！

セールス力ですか。わかりました。お願いします！

最初に販売するスキルシェアサービスでの商品サービスは、お試しか本命か、この2種類のうち、どちらかと言うとお試し商品に近い。

スキルシェアサービスは、商品サービスを提供する練習がたくさんできる場でもあるんだ！

はじめくんは、会社員を続けながら副業を始めたいわけだから、使える時間も限られてくるよね。いわゆる、週末起業になると思う。

そうなると、**お試し商品だけしか提供しないという選択肢もある。**たとえば、**土日だけセミナーや相談などを開催して、月に5〜10万円くらいの副収入を得ることもできる。**本命商品を販売すると、いただける金額は多くなるけど、お客様との時間も多く割かないとならなくなるからね。

 使える時間が少ないならお試し商品だけで、小さく稼ぐ。たくさん稼ぎたいなら、その分時間も投入しないとならないってことですね。

 そうだね。だから時間がそこまで取れない場合は、スキルシェアサービスでお試し商品の販売をやるといいね！

ストアカを例に考えると、講座はだいたい1000〜5000円の価格帯が多いけど、その講師のページに飛ぶと、開催している講座紹介の下に「**依頼**」項目がある。ここを見ると、少し高いマンツーマンやオーダーメイドの商品サービスもあったりするよ（設定されている人だけ表示されます）。

 本当だ！　ありますね！

 そうやって、みんなが喜んでくれる講座を低価格で始めて、より中身の濃い商品や個別での対応を希望する人には、「依頼」のほうに申し込んでもらうように伝えてもいいね！

 わかりました！　でも、先生。質問ですが、何か商品を作ってあげる場合はどうなんでしょうか？

いい質問だね。今伝えた流れで考えると、たとえばお試し商品で「絶対通る！ プレゼン資料の作り方」という知識や考え方を60分程度で伝えて、本命商品として「個別で一緒にアドバイスしながら資料を作り上げる」ということだね。

はじめくんの質問では、「資料作ります！」みたいな、作業代行が商品の場合はどうかってことだよね？

そうです！

そういったサービスは、スキルシェアサービスのココナラで提供されていることが多いよ。

たとえば、「プレゼン資料をあなたの代わりに全部作成します！」という商品を本命に設定して、5万円で販売するとする。その場合、「プレゼンが通りやすい表紙を作成！」という商品を、**3000円くらいのお試し商品として販売**すれば、はじめくん自身やサービスの存在を知ってもらえて、そこから追加で注文が来ることもあるよね。

同じような例だと、デザイナーさんが販売したい本命商品が「オリジナルホームページの制作15万円」だとすると、まずはお試し商品として画像作成を1枚3000円くらいで販売する。そこからホームページを作りたい人を集めることもできるよね。

なんとなくイメージできたかな？

はい、わかってきました！ **本命商品を購入する可能性のある人が求めている（困っている）ことの中から、簡単に解決できるものをお試し商品として提供する**ってことですよね？

おおお！ はじめくん、すごくいいことを言ったね！ 読者の人もきっとビックリしていると思うよ！

……??

では、今はじめくんが言ってくれた流れで、はじめくんが販売する商品を作ってみよう！

とうとう実際に作るんですね！　よろしくお願いします。

それでは、商品を作るときの手順を教えるね。

図	**商品をつくる手順**

商品作成❶ お客様の悩みを書き出す

商品作成❷ お客様は①の悩みを解決してどんな理想の未来へ行きたいのかを書き出す

商品作成❸ お客様はどうすれば①の悩みを解消し、②の理想の未来へ行けるかを書き出す

商品作成❶ お客様の悩みを書き出す

これは、お客様を知る質問で、一緒にしっかりやったから大丈夫だよね？　ここでも、できるだけたくさん書き出していくといいよ。はじめくん、どんなことが挙げられるかな。

そうですね、次のようなものでしょうか。

- PCの作業効率が悪く仕事が終わらない
- 営業の仕事とPC作業の両方に追われている
- 残業が多い
- 家への持ち帰りの仕事が多い
- 仕事が次々に来てストレスを感じている
- 会社の人間関係が良くない
- プライベートの時間がほとんどない
- 仕事のことをずっと考えてしまう
- Excelの関数が全然わからない
- イメージした図表をExcelでどう作成したらいいかわからない

 いいね！　では次に、

商品作成❷ **お客様は①の悩みを解決してどんな理想の未来へ行きたいのかを書き出す**

これも、前に質問への答えとして書いたはずだよね。そのときの答えを教えてくれるかい？

 はい！　次のものが出てきました。

- 業務を効率化して働く時間を短くしたい
- 空いた時間で営業する数を増やしたい（営業パーソンの場合）、社内コミュニケーションの時間に充てたい
- 残業や仕事の持ち帰りをしない
- PC技術をマスターしてもっと仕事ができるようになりたい
- もっと給料を上げたい
- 昇進したい

いい感じだね！　そうしたら次は、

商品作成❸ お客様はどうすれば①の悩みを解消し、②の理想の未来
　　　　　　へ行けるかを書き出す

これは、お客様は**どんなことが原因で理想の未来へ行けないのか、何が足りないのかを考える**んだ。

はじめくんだからこそ教えられること、経験してきたからこそ伝えられることを書いてみよう。お客様が想像もしていないようなことや気づいていない部分を教えてあげるといいね！

う〜ん……。ちょっと難しいので、もう少し詳しく説明してもらえませんか？

そうだね。たとえば、ダイエットを例にしてみよう。

痩せたいけど痩せられない人が、「自分に足りないのは、我慢すること、食欲を抑えること、毎日運動すること、糖質を制限することだ」と思っているとしよう。

でも、専門家からすると、それをやっている限り、キレイに痩せられない。本当は、我慢せずに楽しく、簡単に痩せる方法があって、「目標を設定して、脳を騙しつつ痩せる習慣を手に入れる。

そして好きなときに好きなものをコントロールしながら食べる」ことが大切なんだ。これを意識し実践すれば、みるみる痩せることができる。

この考え方をお客様に教えてあげることで、お客様は「え、知らなかった！　もう少し話を聞いてみたい！　もしかしたら今回はダイエットが成功するかも」と期待してくれる。

こんな感じかな。

え！　そんなことで痩せられるんですね。僕も初めて聞きました。そ

れと僕は、まだそんなに分析とかができないと思うんですが……。

 僕がサポートするから、まずは考えてみてくれないかい？

 わかりました……。え〜っと……。

実際、PC作業に時間がかかっている人は、単に知識不足なんじゃないですかね……。時間を短縮できる方法があることは知っているけれど、具体的な方法を知らない人。もしくは、そもそもそんな方法があること自体を知らずに、ただただ自分の能力が足りないと思っている人。どちらかなような気がします。

そして、僕が思うPC作業の効率化方法は、

- スキル不足を補う
- 全体像を捉える（俯瞰する力、なぜ今の仕事をやっているのか）
- 仕事の組み立て力（どうやれば効率的にできるかを考えて、段取りを考えてから取り組む）
- コミュニケーションスキル（相手が伝えようとしている意図を汲み取り、それが得意な人に頼ったり、聞いたりする）
- ホウレンソウをしっかりする（報告・連絡・相談の略）

この5つをしっかり取り組めば、お客様は理想の未来へ簡単に行けると思います。

 おおお！　はじめくん、いま初めて僕は、はじめくんをかっこいいと思ったよ（笑）。

 僕からしたら、当たり前のことを言ったまでなんですけどね（笑）。

 そう、それが「自分の得意なこと」なんだ。**呼吸のように無意識に、自然なレベルでできてしまう**ことだね。はじめくんを尊敬するよ！

なんか、恥ずかしいですね（照）。ありがとうございます！

では次に、はじめくんが今言ってくれた5つ全部を、お客様に個別で
教えて、お客様がすべて理解し実践できるようになるまでに、どれく
らいの期間がかかると思う？
たとえばキレイに痩せるために、部位別の筋トレを10種類、食事法
の指導、痩せる考え方を伝えてお客様にマスターしてもらって、実際
に成果が出て痩せてきて、あとはそれを自分で継続するだけ、という
状態がゴールだとイメージしてもらったらいいよ。

そうですね……。
そうやってきちんとした形で、誰かに教えたことがないので、あくま
で予想ですけど……。3カ月くらいでしょうか……。余裕を持つなら
6カ月くらいかもしれません。

④
リサーチ

そうだね、6カ月がいいと思うよ。
今、会社で教えている人には、会って直接教えることができていると
思うけど、実際にお客様へ教えるとなると、毎日時間を取れるわけで
はないからね。
月に2、3回、多くて4、5回くらいしか教えられないと考えてね。

そうなると60分を月に3回、これを6カ月で、合計18回くらい必要
になるかもしれません。

おお！　いいね！　そのサービスで15万円をいただけるとしたら嬉
しいかな？

それはもう、すごく嬉しいです!!

まず、本命商品の作り方の大枠は、こんな感じだよ!!

 わーーーー、先生! すごいです! 商品ができましたね。

 あとは、お客様に合わせてカスタマイズして足りない部分を重点的に
フォローしたり、実際にお客様が取り組んでいる仕事について伺っ
て、業務効率を改善するためのアドバイスをしたりする感じだね!

 なるほど! でも、先生。これだと本命商品だけで、お試し商品はど
うすればいいんですか?

 はじめくん、焦らない焦らない。お試し商品の作り方については、こ
れから教えていくよ!

 よかったです。お願いします。

 お試し商品は、複数のパターンを作ることができると思う。
考え方としては、3つある。

①本命商品の5つの要素すべての概要(全体像)を教えてあげるもの
②5つの要素のどれか1つについて重点的に教えてあげるもの
③お客様の悩みの1つを解決する方法に特化したもの

①の場合は、「なぜ業務効率化できないのか」「なぜ残業ばかりで仕事
に追われてしまうのか」「どうすれば、仕事量が半分になり給料が上
がるのか」について、先ほどの5つの要素が必要で、それを達成でき
れば悩みが解決する! という全体像と補足をお伝えしてあげればい
いね。
たとえば、「何をやっても痩せられないあなたが、好きなものを好き
なときに食べながらたった90日で理想の体重になる新しいダイエッ

ト術」のようなイメージだね。

その方法を全体像として伝えてあげるイメージだ！

②の場合は、5つの要素のどれか1つをピックアップして教えてあげるわけだけど、たとえば、「たった30日で3キロ痩せる食事改善レシピ完全解説セミナー」という感じかな。

③の場合は、特定の悩みを解決するための「◯◯講座」という感じだね！

「1日たった10回だけ！　本当に痩せる◯◯スクワット講座」っていうのはどうだろう。

 確かに、それなら申し込みたいと思いますね。

商品やサービスの作り方はわかりました。ただ、先生の言葉選びや組み合わせのセンスがすご過ぎて、まねできると思えません……。

 そうだね。最初はきっと難しいと思う。ではタイトルを上手につけるコツをお伝えしていくね。

 はい、ありがとうございます！

 そんなに難しいことじゃないから、安心して。手順は次の5つだよ。

図 ## タイトルの上手なつけかた

タイトル作成❶ 人が思わず欲しいと反応してしまう言葉を知る

タイトル作成❷ 実際にいいタイトルをたくさん見る（インプット）

タイトル作成❸ 実際にたくさん考えてみる（アウトプット）

タイトル作成❹ 出てきたタイトルを2つに絞ってさらに魅力的にする

タイトル作成❺ さらに、その2つのうちの1つを選ぶ

じゃあ、それぞれ詳しく説明するね。

タイトル作成❶ **人が思わず欲しいと反応してしまう言葉を知る**
人が聞いて、思わず行動したくなったり、魅力的に感じたりする言葉は、世の中にたくさんあるんだ。

たとえば人は、「**たった3カ月で**」「**○○するだけで**」「**○○しなくても**」というような、「簡単・すぐにできる・新しい」という意味合いの言葉に反応する癖がある。

そして具体的に想像できるようなシンプルな言葉を使うこと。できるだけ数字やビフォーアフターの様子、成果や結果がわかるような内容にすること。「あなたもできるダイエット法」よりも、「あなたも1カ月で2キロ痩せられるダイエット法」のほうが具体的だよね。

こういった言葉の作り方を具体的に学びたい場合は、『バカ売れキーワード1000』（堀田博和著／KADOKAWA）や『売れるコピーライティング単語帖』（神田昌典・衣田順一著／SBクリエイティブ）がオススメなのでよかったら参考にしてみてほしい。

 本、買ってみます！

 続いて2番目は、

タイトル作成❷ **実際にいいタイトルをたくさん見る**（インプット）

• 書籍のタイトルや帯で使われている言葉
• 再生回数の多いYouTube動画のタイトルやサムネイル
• ストアカやココナラで人気のサービスの名称
• オンライン教材「Udemy（ユーデミー）」の人気講座の名称

これらを、たくさん見てみよう。いいなと思うものや人気の講座は同じようなキーワードが使われていたり、見ている人に「欲しい、知りたい！」と思わせるようなテクニックが駆使されていたりするので、たくさん見てインプットすることだね！

いいなと思う言葉、タイトルは、メモして**"いいタイトルリスト"を作っておく**こと。その言葉の中で組み合わせを変えたり、アレンジすることで、必ずいい言葉やタイトルが作れるようになるよ。

 ストックしておくんですね。

そう。そして意外と大切なのは、「SNSでの広告」もしっかりチェックすること。広告は、誰かがお金を出してわざわざ作っているものなので、完成度が高い。

勉強になるから、興味のある広告はクリックする癖をつけてみよう！

 わかりました!!!

 そして次は、

タイトル作成❸ **実際にたくさん考えてみる**（アウトプット）

これは、自分の脳みそを使って考える習慣をつけておくこと。自分の商品サービスだったら……、

- どんな言葉を使えばいいかな？
- どうしたらより魅力的になるかな？
- どうしたらたくさんの人が参加したくなるかな？

こうして日頃から考えておけば、必ず人を動かす言葉をつくるセンスが向上するよ。

 わかりました!!　YouTubeをよく観ているので、まずはそこからでもスタートしてみます。**Instagramの広告も、積極的にクリックする**ことにします！

 ということで、はじめくんもタイトルを考えてみようか！

 やってみます。……はい、これはどうでしょうか？

「働く時間が半分になるのになぜか給料が上がっていくExcelマスターベーシック講座」

「PC作業時間が10分の1になる効率Excel活用」

「上司にお願いされた仕事を一瞬で片付けるPC作業術」
「PC作業の効率化を学んだのに全然変わらないあなたが一瞬で変われるマル秘PC業務効率化セミナー」
「Excelの作業時間を半分にするExcelマスターセミナー」
「PC作業丸ごと個別相談」
「あなたのPC作業を半分に！　丸ごと時短効率化アドバイス」

 なかなかいいじゃないか！　そうしたら、仕上げだ。

タイトル作成❹ **出てきたタイトルを2つに絞ってさらに魅力的にする**
既にストアカで人気の他業種の講座も参考にしながら、2つに絞って魅力的なタイトルにブラッシュアップしてみよう。
そして最後に、

タイトル作成❺ **さらに、その2つのうちの1つを選ぶ**

 はい、わかりました！

 では、今日はここまで。残りは宿題でやっておいてね。

 いよいよですね！　緊張しますが、ワクワクもします！　がんばってみます!!

 追加の宿題として、登録するスキルシェアサービスをどれにするのか、はじめくんが使いたいと思うものでいいから、決めておいてね。今日もお疲れ様でした！

 わかりました。ありがとうございました！

4
リサーチ

4時間目まとめ

☐ まず市場調査（リサーチ）をしてみる

☐ リサーチの対象は既にサービスを
  提供している「同業のライバル」と、
  悩みを抱えている「購入者」

☐ リサーチを行えば、見える世界が
  180度変わる

☐ 実際に購入して体験、体感することが重要

☐「TTP」「同質化」が成功のキーワード

☐ 世界一簡単な「3C分析」で
  良い商品・サービスを作ろう

☐ お客様は自分のことにしか興味はない

5

時　間　目

商品の
販売と集客の
しくみをつくる

5時間目では、これまでで考えた商品サービスを、SNSを活用して多く
の人に知ってもらう方法について詳しく解説していきます！

副業を有利にするSNSの活用法

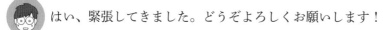
はじめくん、今日もよろしく！　いよいよ準備が整ってきたね！

はい、緊張してきました。どうぞよろしくお願いします！

今日はまず、SNSのアカウントを作ろう。
スキルシェアサービスに登録するときにも、SNSのアカウントが先
にあると、何かと便利なんだ。
ところではじめくん、そもそもSNSって何の略か知っているかい？

うーんと……、何でしたっけ……。

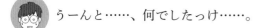
**SNSっていうのは、ソーシャル・ネットワーキング・サービスを略し
た言葉**で、FacebookやInstagram、ブログ、YouTube、TikTokなど
のことを指すよ。登録している人同士が交流できるプラットフォーム
のことだね。
はじめくんは、アカウントを持っているかい？

InstagramとTwitterのアカウントは、一応持ってます。

どんなふうに活用しているのかな？

Instagramは食べたラーメンの写真をアップしたり、友だちとDMや
コメントでやりとりしたり……。Twitterは、上司にムカついたとき
に悪口をつぶやきまくって、はけ口に使ってます!!

悪口をつぶやいているのか……(汗)。

……そうだね。SNSの中でも特にInstagramは、コミュニケーション（交流）ツールとして使っている人も多いよね。友だちやネット上で出会った人にいいねをしたり、コメントを書き込んだり、DMを送ったりしている。
あとは、**検索機能として活用している人も多いね！**

検索機能ですね。

そう。たとえば、はじめくんは、Instagramなんかで、恋愛について調べたことはあるんじゃないかな？

ありますよ。どうしたら彼女ができるのかとか恋愛ベタ向けの投稿をよく見てます……。

そうだよね。そういった情報を発信している人たちの半分は「**SNSをビジネスに活用**」している人だと思ってほしい。
ビジネス活用の人は、人に役立つ情報を発信することでフォロワーや認知を拡大して、自分の商品やサービスを試してもらい、最終的に本命商品を買ってもらう。そんな**"ビジネスの動線の1つ"としてSNSを活用している**んだ。
もちろん、Instagramから直接スキルシェアサービスに集客することもできるよ。そうなると、スキルシェアサービスからの集客だけでなく、SNSからも新規のお客様を集められるようになる。
そのために、はじめくんの**Instagramのアカウントの認知を拡大させることが必要**なんだ。

なんとなく意味はわかりました。交流で使っている人とビジネスで活用している人がいるんですね！
確かにいろんな人の情報を調べたり、流れてきた投稿のアカウントを見に行ったりしていました。

⑤ 販売と集客

そうだよね！　ということで、これからはじめくんがSNSを活用するときは、**情報発信をしてビジネス活用の目的で使おう！**

もちろん、悪口をつぶやきまくっているアカウントは、使っちゃダメだよ（笑）。悪口を書いてなかったとしても、**ビジネス用に新しいアカウントを作る**ようにしてね。

今回は、**最初にInstagram**を使おう！

他のSNSのアカウントについては、あとから必要になったタイミングで作ればいいよ。

承知しました！　アカウント、新しく作ってみます！

副業のためのアカウントを作るときの大切なポイントがあるよ。

作るアカウントは、**プロアカウントにする**こと。

ビジネスアカウントと呼ばれることもあるんだけど、この設定にしておくことで、自分のアカウントの分析ができたりするから、はじめくんもプロアカウントにしておこう！

たとえば、フォロワーの年齢層や住んでいる地域、性別、最もアクティブな活動時間がわかったりするんだ。

はい！　プロアカウントですね。わかりました!!

SNSのプロフィールを設定する

 次にプロフィールを設定しよう。今まで**モデリング先をリサーチした中で、一番いいと思えるプロフィールを、自分に置き換えて作ってみて**くれないかな？

 自分に置き換えるんですね。わかりました。やってみます！

————（1時間経過）————

1つに決め切れなくて、2つを選んで置き換えてみました。

パターン①

> 田中はじめ｜PC作業を半分にする人
>
> ＼PC作業・業務効率化の専門家／
> 会社員、学生、個人事業主の
> PC作業を半分にするPC術を教えています!!
> →会社員7年目
> →ゲーム大好きオタク
> ○僕からPC術を教わった会社の同僚や後輩は続々昇進＆給与UP
> ○PCが苦手でも丁寧に誰でもできるように指導
> ○たった30日で誰でも業務時間を半分に効率化できる方法を発信中
> ↓ストアカでスペシャル価格のセミナーを開催中

5
販売と集客

パターン②

田中はじめ｜ＰＣ作業・業務効率化の鬼

会社員、学生、個人事業主の
ＰＣ作業を半分にするＰＣ術を教えています!!
ＰＣ作業に追われ
残業や早朝出社をやめて
・ＰＣ作業時間を半分にしたい！
・抱えている業務を効率化したい！
・仕事がもっとできる人になりたい！
・昇進＆給料ＵＰしたい！
という方に
たった３０日で誰でも自分の業務を
半分の時間に効率化できる方法を発信中!!
↓ストアカでスペシャル価格のセミナーを開催中↓

なかなかいいね！
よくできているから最初はどちらでも大丈夫だね！

ありがとうございます！
じゃあ、一旦パターン①を登録してみますね。

アイコン画像を設定する

 では、次に**SNSのアイコン画像を設定しよう。**

 アイコン画像⁉

 アイコン画像のポイントは、**きちんと顔が見える画像で、清潔感があるものを選ぶ**こと！　しっかり副業を進めたい場合は、プロのカメラマンにプロフィール写真を撮ってもらうのもいいね。

 ……会社の人に発見されたらバカにされそうだし……、顔は出したくないんですが……、ダメですか……？

 会社が副業NG じゃないんなら出したほうがいいと思うよ。そのほうが**信頼や信用が得られやすい**からね。

確かに、最初は自分の顔を出すことにリスクを感じるかもしれないし、緊張するけど、写真を出して、いざプロに撮ってもらったりしてみると、「ビジネスを始めたんだな！」って気持ちが芽生えて、やる気が湧いてきたりするよ！

もちろん、出さずに始めてもいいけど、最終的には出すようにね。

撮影も、ココナラなんかでカメラマンを探すと、1〜3万円くらいで撮ってもらえることも多いから、覚悟が決まったら探してみてよ！

もし、どうしても顔出しが嫌な場合は、ココナラなどで**似顔絵風にイラストを作ってくれる人もたくさんいるから、依頼してみる**といいね！

 はい……。とりあえず今日は、画像はなしにします……。

5
販売と集客

スキルシェアサービスに登録しよう

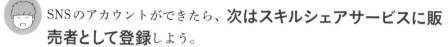

SNSのアカウントができたら、**次はスキルシェアサービスに販売者として登録**しよう。
スキルシェアサービスはどれに登録することにしたんだい？　**登録は無料だから両方に登録しておくっていうのもいい**けどね。

そうなんですか？　先生がどちらか選べと言っていたし、前にそれぞれのスキルシェアサービスの特徴を教えてもらったので、教える系のサービスが多いストアカにしようと思ってました。

はじめくん、すばらしい‼　よく覚えていてくれたね！　そう。**教える系のサービスが多いのは、ストアカ**だ。
ストアカだと登録ページの下部にある「先生になる」というところから登録するよ。もしココナラだった場合は、「出品者」という箇所にチェックを入れて登録・開設するんだ（登録方法はストアカ／ココナラ　登録などで検索）。

登録できました！

OK！　さっき添削したプロフィールを、ここでもしっかり活用してね！　ただし、Instagramとストアカのプロフィールは文字量や書き方が違うから、**ストアカでモデリング先を探して、それも参考に、先ほど書いたプロフィールを調整しながら作ってみよう！**

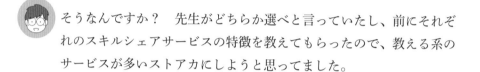

スキルシェアサービスで実際に出品・販売してみる

では、実際に**ストアカで自分の商品を出品・販売してみよう！**

ドキドキしますね……。どうしたらいいんでしょうか？

スキルシェアサービスは、チュートリアルやガイドライン、マニュアルがすごくしっかりしているから、それを参照しながら講座の出品をしていこう。必ずできるようになるから安心して大丈夫だよ。
ストアカの場合は、ストアカの運営会社、ストリートアカデミー株式会社の社長さんが、自らYouTubeに解説動画を上げているから観てみるといいよ。タイトルを教えるね。

- 【企画＆集客編】ストアカ先生におくる講座で絶対に失敗しない「20のアドバイス」
- 【講座の開催編】ストアカ先生におくる講座で絶対に失敗しない「20のアドバイス」
- 【継続改善編】ストアカ先生におくる講座で絶対に失敗しない「20のアドバイス」(いずれも2023年1月現在)

ありがとうございます！ 観ながらやります！

次回まで時間があるから今日の宿題として、**各チュートリアルやマニュアル、リサーチしたモデリング先を見ながら講座を出品してみよう。**
価格は、まず**1000円に設定して回数をこなしていく**のがいいよ。

わかりました。がんばります！

ビジネス活用のSNSの全体像

 久しぶりだねはじめくん。今日もよろしくね！

 先生、お願いします！　今日はご報告があります!!

 なんだい？　彼女ができたかい？

 だったら嬉しいんですけどね。
でも、それと同じくらい嬉しいことです。実は、前回の課題からストアカにサービスを出品してみたんです！　そしたらなんと!!　1人の方が講座を購入してくれたんです!!!!　すごく感激しています!!

 おお！　それはすごいね！　おめでとう!!　しっかりとリサーチやモデリングをしていたからこそだね！

 初めて自分の力で稼いだお金なので、すごく嬉しいです！　本当にありがとうございます!!

 でも、まだまだスタートラインに立ったところだからね！
実際にサービスを提供する中で気づくことはすごく多いし、考えていた通りにいかないこともたくさん起きる。
それをうまく修正・改善しながら、いいものをお客様と一緒に作っていくことが大切なんだ。引き続き実践しながら改善していこうね！

 ありがとうございます！

はじめくん、1人に販売できたということなので、次はいよいよSNS
で情報を発信して、自分でお客様を集める準備をするよ。まずは
SNSをビジネスで活用する全体像からお伝えしていくね！
次の7つのポイントを意識して作り込んでいくよ！

図	**ビジネス活用のSNSの全体像**

SNS 活用 **1** SNSのコンセプト設計をする

SNS 活用 **2** リサーチ＆モデリングを何度も繰り返す

SNS 活用 **3** SNS全体（投稿や画像など）の世界観（テイスト）を決める

SNS 活用 **4** アイコン画像設定とわかりやすいプロフィールを作る

SNS 活用 **5** 情報を発信して見込み客に価値を感じて（アクションして）もらう

SNS 活用 **6** SNSのアルゴリズムを知り、フォロワーや友だちを増やす

SNS 活用 **7** リスト（メルマガ＆LINE公式）を獲得する戦略を考える

⑤ 販売と集客

 難しい言葉が多いですが、がんばります（笑）。

 既に終わっていることも多いから、安心して。さっそく1つずつ解説
しながら進めていくね。

SNS活用❶ SNSのコンセプト設計をする

 まずは、コンセプト設計。コンセプトとは、このSNSのアカウント
は**誰のどんな悩みに対してどんな発信をし、どんな理想の未来へ変化
できる情報を伝えていくのか**を決めることだよ！
これは「リサーチ＆モデリング」と「お客様を知る」のところで考え
るきっかけがあったね！

たとえば、

- 副業を始めたての人に向けて、お客様を集めるためのSNSの使い方など、ビジネスを軌道に乗せるための情報を提供していくアカウント
- 妊娠中の女性に向けて、心と体のケア方法や生まれてくる赤ちゃんのために今からできること、痛みを和らげて出産する方法など、幸せな出産準備をするための情報を伝えるアカウント

といった感じでコンセプトを簡易的でもいいので設定しよう！

はい！　ありがとうございます！

SNS活用❷　リサーチ＆モデリングを何度も繰り返す

これも何度も行ってきているから大丈夫だよね。自分のコンセプトと近いような同業の人や少し先を行く同業の、**プロフィール、投稿内容**（リール、ストーリーズの配信含む）、**世界観**（どんなデザインなのか？）、**運用方法**（SNSの目的）、**LINE公式**（メルマガ）**登録のプレゼント、LINE公式**（メルマガ）**での配信内容、サービス内容**をしっかりチェックしよう。

モデリングの部分で話したけど、これを何度もやることで、はじめくんのお客様になる人は、どんなことに困っていて、どんな投稿をよく見るのか（人気の発信内容など）といったお客様心理がわかり、同業の人がどのようにビジネスをしているのかを分析できるようになるよ！

TTPでしたね！　覚えています。

すばらしいね！　これは、1回だけやればいいわけではなく、常に行っていくものなんだよ。特に**SNSのトレンドは頻繁に変わっていく**から、常に現時点のトレンドを自分でチェックできるようにしよう。

わかりました‼

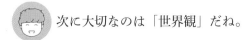

SNS活用❸ SNS全体（投稿や画像など）の世界観（テイスト）を決める

次に大切なのは「世界観」だね。

「世界観」って何ですか？

簡単に言うと、**Instagramの場合、投稿のデザインのこと**だね。その アカウントを見に行ったとき、直近の投稿が9つ程度一気に見えるよ ね。その投稿全体のテイストが揃っていたり、バラバラだったり、ア カウントによって違いはなかったかな？

確かに人によって違いました。3マスごとにデザインが変わっている 人もいましたし、横3マスのうち、両端の2つと、真ん中の1つで、 それぞれが統一されているといったアカウントもありましたよ。

それをさらっと言えるのは、はじめくんがきちんとリサーチしている 証拠だね！

ありがとうございます！

そこで次にやってほしいのは、同業やライバル関係なく、「自分は**ど んな世界観（投稿のデザインやテイスト）が好みなのか**」、また、「**どんな 世界観がお客様に受け入れられやすいのか**」を、たくさんの投稿を見 ながら探してみること。

たとえば、お客様が見やすい**色**について。
赤色のイメージは、「元気」「情熱」「自信」「勝負」みたいなイメージ

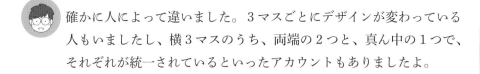

143

があるんじゃないかな。でももし、心理カウンセリングをやりたいと思っている人が赤を多用すると、お客様は刺激を強く感じて、その投稿に好感を持たない可能性がある。

あとはInstagramの場合、投稿のデザインは文字が少なめの複数ページ構成（スライドして読ませる投稿）なのか、1枚の画像に文章を多めにするのか（スライドなし）でも、好みは分かれると思う。顔出しするかどうかでも、その印象は変わるよね。

実際に考えたり、モデリング先を検索しているうちに、「自分はこうしたい、ああしたい！」って希望が出てくるはずだよ。

世界観を作る理由は第一に、**はじめくんがSNSを楽しめるようになること**。投稿の世界観によって、見た人は「どんな人なのか」をイメージするから、**なるべく自分を作り込みすぎず、ナチュラルな自分を世界観に反映できるようにしていく**といいね！

でも、先生……。みんなデザインがすごくオシャレなんですよ。僕はあんな画像をそもそも作れる気がしません……。

はじめくん、心配には及ばないよ。もちろん初心者がいきなりオシャレな投稿をするのは難しい。だから、素敵な投稿を作るための、無料で使えるオススメのツールがあるから、紹介するよ！

え、そんな便利なものがあるんですか！　教えてほしいです！

Canvaという無料のアプリだよ。プロが作るようなInstagramに適したサイズのデザインテンプレートを数千種類以上も使えるんだ。本当にクオリティが高いのでオススメだよ！　そのテンプレートに、自分で文字を入れたり、オリジナルの写真と入れ替えたりもできるから、Canvaだけで、オシャレでオリジナリティのある投稿画像を完成させることもできる。

すごいですね！ 早速アプリをダウンロードしてみます。

 スマホとパソコン両方で使えるよ。

 それはすごくありがたいです。

SNS活用❹ アイコン画像設定とわかりやすいプロフィールを作る

 プロフィールはしっかりと作り込んだから、もう大丈夫だね。
1つだけ補足として、はじめくんはSNSにおいてプロフィールの目的って考えたことあるかな？

 SNSのプロフィールの目的ですか？ うーんと、自分のことを知ってもらうことでしょうか？

 うん。いい線だね！ SNSにおけるプロフィールは、コンセプトで考えた「そのアカウントはどんな人にどんな情報を提供してどんな素晴らしい未来へ向かう手伝いをしてくれるか？」が伝わるのがベストだね！
たとえば、三日坊主でリバウンドを繰り返してきた万年ダイエッターが、1年で20キロ痩せた方法を発信している場合、こんなプロフィールはどうかな？

> 三日坊主、リバウンドを10年繰り返してきたヘタレダイエッターが、食事制限なし！ 我慢せずつらいトレーニングゼロでもたった1年で20キロ体重を落とした、誰でもスルスル痩せるダイエット方法を公開中！
> 現在○名のお客様がダイエットに成功！

確かにすごく興味を持てました！　事例、すごくわかりやすいです！

 そんなことを意識してみよう！　では次にいくね!!
SNS活用⑤ 情報を発信して見込み客に価値を感じて(アクションして)もらう

 では、はじめくん。SNSを活用するうえで、この 「**情報発信**」**が最も重要**で、伝えることも多くなるからしっかりとメモを取りながら聞いてね。

 はい、わかりました！

 では、早速質問だけど、情報発信って何だと思うかな？

 え、情報発信……、名前の通り情報を発信するってことですか？

 それはそうなんだけど……(汗)、どんな情報を発信すればいいかな？

 自分の得意なことを発信する……、でしょうか？

 おおお！　惜しいね！　以前、「**お客様はあなたやあなたの商品サービスには全く興味がない**」という話をしたのを覚えているかい？

 はい、覚えています！　衝撃的でしたから……。

 でも今、はじめくんが言ったのは「自分の得意なことを発信する」だよね！

 あ、そうでした。

ここは復習ポイントだね！　SNSで発信すべきは、「**お客様が知りたいこと**」だ。お客様が知りたいことを発信するには、お客様のことをお客様より知ること。そして、そのワークは既に終わっているよね！

はい！　たくさん書き出しました！

ということで、**お客様のお悩みや困りごとに対して、新しい解決策や、より良い考え方、取り組み方を伝えてあげることが必要なことの１つ**だね！

そして、自分で書き出したお客様のお悩みや困りごとを考えれば考えるほど、情報発信のネタのヒントになるよ！

たとえば、万年ダイエッターという人に向けて情報を発信する場合、「**三日坊主の治し方**」は欲しい情報だろうし、話をだいぶ変えると「**万年ダイエッターを卒業する洋服コーディネート**」というのも実は興味のある内容かもしれないね！

そうやって「自分のお客様になる人が知りたい情報って何だろう？」と考えて出てきたことが情報発信のタネになるんだ。それを「価値提供の情報発信」と言っているよ！　特にInstagramやYouTubeのようなSNSは、この価値提供の発信が半分以上だと思ってほしい！

確かに、僕が受講した恋愛講座は、恋愛ベタな人に向けて具体的なノウハウから、服装、食事、趣味に至るまで、いろんな情報を発信していました！

そうだよね！　他の人の投稿に対して、「どんなことを発信しているのか」「どのように価値を提供しているか」という視点で見ると、自分の発信についても、「価値を提供できる投稿はどんなものなのか」というのがわかってくるよね。

だから、SNSを見るときには、その視点も持って見よう！

5
販売と集客

はい！　わかりました！

SNS活用⑥　SNSのアルゴリズムを知り、フォロワーや友だちを増やす

 ところで、はじめくん。なぜSNSで投稿をする必要があるのか覚えているかい？

 お客様に役立つ情報を伝えるため……？　でしょうか？

 うん！　もちろんお役立ち情報をお伝えしていくので、それは大正解だね！　そしてもう1つは、「認知を増やすため」だね。初日に副業の流れと一緒に伝えたことだよ。

 すみません、忘れていました。認知を増やす……ですね。

 そう！　認知っていうのは、わかりやすく言うと、**「知ってもらうこと」**だ。要は**たくさんの人にはじめくんのアカウントの存在を知ってもらう**ため、ということなんだ！

 そうでした！

 ココナラやストアカなどのスキルシェアサービスでの集客は、それぞれのプラットフォームがしてくれる。
でも、SNSは自分で集客をしないといけない。
だから、はじめくんのアカウントに興味のある人、はじめくんのアカウントの情報を知りたい人に、はじめくんのアカウントを知ってもらわない限り、一生お客様になることはないよね！

 僕のことを見つけてもらわないと接点もないです……。

そうだよね。だからまず、SNSで「情報発信」をすることによって、「興味のある人に認知されやすくする」んだ！
たとえば、はじめくんが「僕は彼女が欲しい！」という情報をいろんな人に発信して伝えていれば、誰かがはじめくんに女性を紹介してくれたり、出会いのきっかけになる場所へ呼んでくれたりするかもしれないよね！

 そうですね♪

 でも、はじめくんが心の中で思うだけで、誰に聞かれても彼女が欲しいとは言わない状態だったら、チャンスは、"彼女が欲しいと言っている他の人"に行ってしまうよね！

 本当にその通りです……。

 ちょっと飛躍したたとえだったと思うけど、こんな風に、SNSでは情報発信が、はじめくんの存在を知ってもらう最大のきっかけになるんだ！

 良くわかりました！

SNS活用❼ **リスト（メルマガ＆LINE公式）を獲得する戦略を考える**

 次はSNSで情報発信して、ある程度フォロワーが増え、認知されるようになった頃に意識することだね。それは、「リストを集める」こと！

 リストって何ですか？

 そうだね。いきなりリストと言ってもなじみがないよね。

では、これだとわかるかな？　はじめくんは「スマホの連絡先一覧」は持っているかな？

それはもちろん持ってますよ。50人くらいは入っていますし、営業の取引先を入れたら100件以上は超えます！

ということは、はじめくんもリストを活用しているね！　リストっていうのは、**「名簿」**のことだよ。ビジネスでは**「見込み客の名簿」**という意味で使われているね。
はじめくんは、スマホの電話帳リストを、「営業先の顧客名簿」として活用しているね！

なるほど。では、リストを集めるとは、電話番号を集めるってことでしょうか？

はじめくん、いい質問だね！　もちろん電話番号もリストだね。
リストは、リストを持っている側が、自分の送りたいタイミングで何らかの情報を自由に送るためのものなんだ。
だから、電話番号も当然そうだし、住所もそう。
住所はダイレクトメール（DM）を送るとき、電話番号は営業電話をかけるときなんかに使われているよね！

確かに、僕にもたくさんDMも来ているし、たまに営業電話もかかってきます！

うん。それに加えて、今だと、**メールアドレスやLINE公式の友だち**もリストとして活用されているよ。メールアドレスの記入やLINE公式の友だち追加を求められた経験は、結構あるんじゃないかな？

よくあります！　特にLINEの場合は、飲食店なんかで、登録すると

クーポンがもらえたりして登録します! そのあとはキャンペーンの案内が来たりしています。

僕は、まんまとその割引クーポンに乗じて、飲みに行っています(笑)。

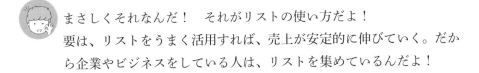

まさしくそれなんだ! それがリストの使い方だよ!

要は、リストをうまく活用すれば、売上が安定的に伸びていく。だから企業やビジネスをしている人は、リストを集めているんだよ!

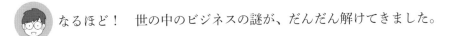

なるほど! 世の中のビジネスの謎が、だんだん解けてきました。

ビジネスの視点で世の中を見てみると、いろいろな場所でいろんな戦略が考えられているんだ! それに気づくようになると、もっと面白くなると思うよ!

わかりました!! 先生のリストの話を要約すると、リストを使って商品やサービスの案内を送るってことでしょうか?

そうなるよね。でも、実際に案内を送るだけで売上に繋がるのは、大企業だけなんだ。

だから僕らのような副業でリストを使う人は、別の使い方もするんだよ。あとで詳しく説明するね。

5
販売と集客

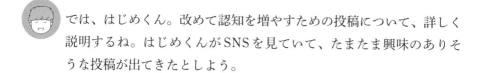

認知を増やすためには「投稿の質」が重要

では、はじめくん。改めて認知を増やすための投稿について、詳しく説明するね。はじめくんがSNSを見ていて、たまたま興味のありそうな投稿が出てきたとしよう。

はい、そういうことはよくあります。

そんなとき、いつもはじめくんは、どんな行動を取っているか一緒に振り返って、分析してみようか。
気になった投稿を見つけたときに思い当たる行動を、いくつか数えてくれないかな？

うーん、そうですね。Instagramの場合ですけど、いきなり出てくるので、画像やタイトルを見て興味を持った投稿をタップして読んでみたり、内容やビジュアルが良かったら、いいねやコメントをしたりとか。保存するときもありますし……。

なるほど。細かく振り返ると、いろんな行動をしているよね。はじめくんは表示されている投稿全部に目を通して、いいねしたり、保存したりしているの？

そんなことはないですよ。最初から見ないものもあったり、途中で思った内容と違ったりして、見るのをやめることも多いですよ！

そうか。**投稿を見たあとに、自分のタイムラインへ戻る**こともあるんだね。
そのときは、なぜそうなったんだろう？

う〜ん……、**自分と関係ないというか、興味があまり湧かなかったりとか、内容がいいと思えなかったりするとき**もあります。

なるほど、そんなときもあるよね。そんなときはいいねやコメントをすることってあるかい？

ほとんどないですね。

じゃあ、最初にはじめくんが言ってくれた「投稿へいいねやコメントをしたり、保存する」というパターンは、どんなときかな？

自分にとって役に立つ内容だったり、あとで必要になりそうだと思ったり、面白かったり……。全部、僕の興味のある内容でした！

そうだよね。そんなはじめくんにとって興味のある内容だった場合、そのあとはどんな行動を取ることが多かったかな？

いいねをしたり、保存したりしたあとは、そのアカウントの**他の投稿をチェックします**ね。発信している人がどんな人なのか、プロフィールを確認したりもしますよ。

なるほど。興味があったり、自分にとっていい情報が他にもあるかもしれないと思えば、そんな行動を取るよね。

はい。そのままその人のアカウントの他の投稿を、10分くらい見ちゃうときもあります！

そうなったら、フォローするかな？

はい。もちろん忘れたくないですし、**新しい投稿を見たいのでフォローすることが多い**です！

そうだよね。はじめくんありがとう。

今のはじめくんの話から、興味がありそうな投稿を見かけた場合、そのあとの行動には、大きく2つのパターンがあることがわかったね。それが、この2つ。

①投稿を見たあとに自分のタイムラインへ戻る
②投稿へいいねやコメントをしたり、保存する（フォロー含む）

この差が出るポイントの2つがこれ。

- 投稿の質が高くお客様が喜んでくれる投稿内容（価値提供）
- 興味をしっかり持ってもらえる内容かどうか

そうでした。でも投稿の質を上げるって難しい気がします。

そう感じるよね。じゃあ、ここで少し「投稿の質」について説明するね。

まず、投稿の質を上げるには、**「適当な内容で投稿しない」**こと。SNSでフォロワーを増やすための方法として以前からよく言われているのが、「SNSは毎日投稿すべき」ってことなんだ。すると、発信する人は、「とにかく何か投稿しないと……！」という気持ちになり、苦しまぎれに適当な投稿をしてしまう人が多いんだ。

そうやって発信された内容は、たいてい「つまらない」と感じられてしまう内容になっている。

そこで質の高い投稿をするには、**「その投稿にいいねやコメント、保存をしたくなるのか？」**という視点を持つこと。「しっかり役に立てる内容になっているか？」「興味を持ってもらえる内容になっている

か？」「他の投稿も見たくなるだろうか？」「見る人の心にメッセージが伝わるか？」、そんなことを、投稿を作る度に1つひとつ精一杯考えてみてほしい。

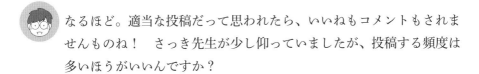

なるほど。適当な投稿だって思われたら、いいねもコメントもされませんものね！　さっき先生が少し仰っていましたが、投稿する頻度は多いほうがいいんですか？

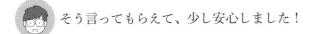

そうだね。多いに越したことはないけど、**最低週1回以上を心がけて**、余裕があれば増やせばいいと思うよ！

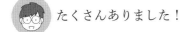

そう言ってもらえて、少し安心しました！

そして、ポイントの2つ目、「興味を持ってもらう」も、結構重要なんだ。YouTubeを観ていて「動画は釣りだったな！」ということはなかったかい？

たくさんありました！

「釣り」とは「タイトル詐欺」と言われるものだよね。
たとえば、動画やニュースで「大物芸能人！○○のスキャンダル！」ってタイトルやサムネイルがあって、実際にそれを見てみると大したことない情報だった、というものだね！　それを「釣り」というんだ。

そういったものは本当に多いです（怒）。

そうだね。SNSでも気をつけたいのは、**タイトルや投稿の文章の最初の2行ほどの出だしが重要！**　ということ。ここに書いていることと中身の内容が違った場合、はじめくんみたいに、そこから先を読み進めてくれることはない。そして、もう二度と見に来てくれることは

5 販売と集客

155

ないかもしれない……。

 それは嫌ですね……。どうすればいいですか？

 難しいことではないよ。「タイトル詐欺」「超過大表現」をしなければ大丈夫！ **タイトルに書いてあることが中の文章で触れてあって、**見る人から「役に立ってよかった！」と思ってもらうことで、いいねやコメント、保存、フォロー、他の投稿を見てもらえることに繋がっていくんだ！

 それは意識します！

 ということで、情報発信をしていくときに

- 投稿の質を上げる
- 興味をしっかり持ってもらう内容にする

この2つを、忘れずに意識してみよう！

 はい！　わかりました！

SNSから評価が高いアカウントはより人気になる

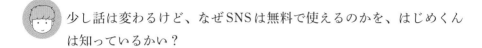

少し話は変わるけど、なぜSNSは無料で使えるのかを、はじめくんは知っているかい？

ええー！ 考えたこともなかったです……。確かに全部無料で使えてすごいですね！

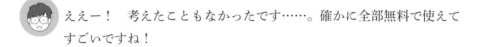

そうだね。はじめくんはこれまで、InstagramもFacebookもYouTubeもTikTokも、全部無料で使ってきたよね。
SNSの収入源は、実は広告を出す人からの広告出稿料が大きな割合を占めているんだよ。

そうなんですか。考えたこともなかったです！

広告を出す企業や個人は、SNSを使っている人に自分達のことをもっと知ってほしくて（PRしたくて）、SNSに広告費を払っているんだよね。
だからSNSの運営側は、広告費をより多く支払ってもらうために、たくさんの機能を無料で解放して、ユーザー(広告を見る人) を集めることで、広告を見てもらってクリックしてもらい、それによってさらに広告費を支払ってもらって収益を増やしている。

なるほど、そんなしくみになっているんですね。
確かに人が増えれば、広告を出す人は広告をたくさん見てもらえて、嬉しいですもんね！

そう。そして、ここがすごく重要な話なんだけど……。
たとえば、はじめくんが自分で新しいSNSを開発したとしよう！

5
販売と集客

突然の展開!!　僕が開発するんですか！　夢のようです！

例が突飛だったかな（笑）。はじめくんは、そうなったとき、どんなユーザー（利用者）が自分のSNSに増えたら嬉しいかな？

うーん……。広告を見てくれる人でしょうか。

そうだね。じゃあ広告を見てくれる人を増やすには、どうしたらいいかな？

とにかく、たくさんの人が登録することが、大事なんじゃないでしょうか。

うん。いい感じだね。たくさんの人に登録してもらうには、どうしたらいいと思う？　はじめくんはSNSに登録するときに、どんなきっかけで登録したか覚えているかな。

僕はそのSNSのことが話題になっていたので、それを見たくて始めたような気がします。あとは、僕の好きな写真家がInstagramをやっていて、それをフォローしたかったっていうのもありますね。

おお！　それそれ！　インフルエンサーとか有名人みたいな人気のある人が増えると、それを見たいって人も増えて、SNSにたくさん人が集まりそうだよね。

はい、そう思います！

SNSの運営側は広告を出してもらって、ユーザーにクリックしてほしいわけだよね。そうすれば、広告を出している人はもっと広告を出

そうと思ってくれる。

確かにそうですね。

ユーザーに広告をクリックしてもらうためには、たくさんのユーザーが登録してくれて、**少しでも長い時間、SNSの中に滞在してもらう必要がある**。使用時間が長くなるほど、広告を見てもらえるチャンスが増えるからね。
YouTubeだと、動画の前後や途中で広告が流れることがあるから、よりわかりやすいよね。

長い動画を観ていると、広告がたくさん流れますもんね。

ここからわかることは、**SNSの運営側は、ユーザーをSNS内に長く滞在させてくれるアカウントを優遇したい**ってことだ。そのアカウントの発信によって、たくさんの人がSNSを長い時間見てくれるようになるからね！

なるほど！　確かにそうですね！

だからSNSの運営側は、自分たちにとってメリットのある"人気のあるアカウントの投稿"が、たくさんの人の目に留まるようなしくみをつくるんだ。
たとえば、たまたまはじめくんの投稿を見つけて読んで、いいねをくれて、保存もしてくれた人がいたとする。その人が、さらにはじめくんの他の投稿も見て、フォローしてくれたりして10分以上の時間を使ってくれた。
そんな人が多かったら、SNSの運営側にとって、はじめくんのアカウントはすごくメリットがある、ありがたい存在になる。すると、はじめくんのアカウントが、たくさんの人に見てもらえるように、積極

5 販売と集客

的にオススメアカウントとして、多くの人の目につくようにしてくれ
るようになる。
そうなると、どんどん新しい人がはじめくんのアカウントを見て、
フォローしてくれたり友だちが増えたりする。
そんなしくみになっているんだ。

 めちゃくちゃわかりやすいですね！　これがSNSのしくみですか！
オススメしてもらうには、やっぱり適当な投稿ではなく、お客様のこ
とをもっと知って、興味を持ってもらえるような質の高い投稿を意識
することが重要ですね！

 その通り。そうすれば、最初はフォロワーが少なかったとしても、少
しずつ増えていくことになるんだ!!

 少しずつ楽しみながら育ててみようと思います！

 いい考えだね！　SNSは、昔で言う育成ゲームのようなイメージで
考えてみると楽しくできるようになるかもね！

 本当ですね！　意識してみます！

あなたの発信で救われる人がいる

でも先生。自分が情報発信をするって考えると、すごく不安ですし、ためらう気持ちが大きいです。

うん、そうだよね。やったことのないことに取り組むときは、すごく不安や抵抗を感じるものだと思う。
実際にスキルシェアサービスで、はじめくんの商品の販売を開始してもらったわけだけど、どうだったかな。売れなかったらどうしようという不安があったんじゃないかな？

すごくありました……。

今はどうかな？

まだそんなに何人にも売れているわけではないですが、最初に来てくれた参加者の方が本当に喜んでくれて、わざわざあとで感謝の連絡もしてくれたんですよ。僕はそれにすごく感動しました。
だって僕は、自分のできることをお伝えしただけなのに……。
僕が恋愛ベタのセミナーを受けたときと同じ気持ちになってくれているんだなって感じたんです。

そうだよね。精一杯お伝えすれば、喜んでくれる人がいる。僕はいつもそう考えているよ。**情報発信をすれば、世の中には最低5人はその情報を見て喜んでくれる人がいる**と思ってる。
はじめくんも、きっと5人ならいるかもって思わないかい？

はい、今なら、5人はいると思えます。

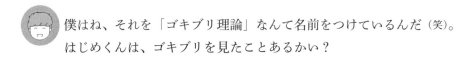 僕はね、それを「ゴキブリ理論」なんて名前をつけているんだ（笑）。
はじめくんは、ゴキブリを見たことあるかい？

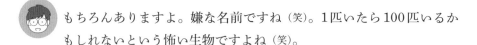 もちろんありますよ。嫌な名前ですね（笑）。1匹いたら100匹いるか
もしれないという怖い生物ですよね（笑）。

そう、僕はそれと同じだと思っているんだ。
ある商品やサービスを喜んでくれる人が5人いたら、世界中に少なく
とも5万人以上の人の役に立ち、喜んでもらえるはずなんだ！

名前は気になりますが、すごく勇気が湧いてくる話ですね！

きっと最初は、誰もはじめくんに興味がないから読んでもらえないか
もしれない。
でも、少しずつでも誰かの役に立つことを発信し続けていれば、必ず
読んでくれる人、見てくれる人は増えていく。それを信じてコツコツ

情報発信を続けてほしい。

途中で嫌になったら、「はじめくんの1つの投稿で救われる人もいる」
ということを思い出してくれたら嬉しいな。

 そうですね。目の前の1人のためにコツコツ発信を続けます。

 どうかな？　情報発信はまだ不安かな？

 不安も抵抗もなくなりました。ありがとうございます！
そもそも最初は、たくさんの人が見ているわけでもないですしね!!

 よかったよかった！　では次に「リストへの発信の仕方」に進んでい
こう！

5

販
売
と
集
客

リストへの発信の仕方とは？

 では次に、リスト活用の方法をお伝えしていくね！

はい、お願いします！

リストで配信をする場合は、**濃い価値の提供をする**ことを意識してい
く、ということだね！

濃い価値の提供……、ですか？

そうなんだ。SNSの投稿で、価値の提供をするけど、リストを使っ
て送る情報では、もっと深い内容を届けることが多いよ！
実際に商品やサービスを申し込んでくださったお客様に教えるような
内容の一部分や、ここだけの裏話やスキル、ノウハウなど。はじめく
んのことをもっと知ってもらえるようなエピソードなども、含まれる
ね！

なるほど！　でも発信するツールによって、内容を調整するのは難し
そうですね。

いや、そんなに難しく考えることはないよ。
SNSで発信したことをより具体的にして、追加情報を交えながら送
るだけでも十分に効果があるよ！
SNSで何か新しい投稿をアップしても、「新しい投稿があります」っ
て通知を、こちらから見込み客に送ることはできないよね。
でも、たとえばLINE公式で友だち登録してもらっている場合（＝リス
ト）は、LINE公式から登録者へ配信すると、見込み客にLINEの通知

が送られることになるよね。興味のある内容だったら、見込み客はその内容を読んでくれる。

これを活用すれば、SNSで新しい投稿をした場合も、新しい投稿があることをLINE公式でもお知らせすれば、通知を送ることができるね！

確かに、いつもフォローしている人の投稿を全部チェックできているわけではないですもんね。

そうだよね！　そして最も大切なのは、はじめくんのLINE公式に登録していたら、**「自分も成長するし、ためになる！」** と感じてもらうこと。

それを続けていると、はじめくんのこともっとよく知ってもらえるし、価値の提供だけでなく、活動内容や商品やサービス、また、講座やセミナーの有無なども知ってもらえるようになってくる。

そして、最初は興味がなかった人も続けて読んでくれるうちに、だんだん興味が湧いて、はじめくんへの信用も生まれて、会いに来てくれたり、セミナーに参加してくれたりするようになるんだ。

あーー！　だから、「安定して売上が上がる」って言っていたんですね！

そうなんだ。SNSだけでの発信だと、どうしても全部の投稿を見てもらうことは難しい。だから、リストも活用して情報を送ることで、どんどん知ってもらい、ファンになってもらうんだよ！

リストってすごいですね!!　しっかり有効活用していきたいです！

では次に、どんなリストを集めるのかについて話していくね！

5

どんなリストを集めていけばいいのか？

さて、はじめくん。副業の場合に、どんなリストを集めればいいかについてお伝えするね。

ずばり、**LINE公式**だよ！

さっき例としてLINE公式を出していたから、うすうす気づいていたとは思うけど。

LINE公式は、個人で使っているLINEのビジネス版だと思ってくれたらいいよ。

LINE公式ですね！

そう。住所を集めるのは大変だし、電話番号を集めたとして、副業の段階で、見込み客に営業の電話をかける人は、そういないよね。

集める手間と効果から考えても、LINE公式は非常に効率がいいんだ。

メールアドレスはどうですか？

メールアドレスの欠点は、メールを読む習慣が少なくなってきつつあること。

確かに、たくさんメールが届きますが、ほとんど読んでないですね。

そうなんだ。今、ほとんどの人がプライベートでの連絡に、LINEを使っているよね。メールを使っているのは、BtoB（企業間のやり取り）などでのビジネスメールくらいだって人も多いんじゃないかな。

だから、連絡ツールでもユーザー数が多いLINEを活用すれば、見込み客に見てもらえる確率、読まれる確率が、かなり高くなるんだよ。

確かに、僕もすべてLINEでやりとりしています。
あと、登録しているLINE公式を読んでいなかったとしても、溜まっている通知を消すために開いて、そのままつい読んでしまうこともありますね。

うん、そうだね。そして、副業を始めたばかりの人、これから始める人にとって、LINE公式がとてもありがたい点は、**少ないリスト数（友だちの数）でも、売上を上げられるツールでもある**ってことだよ。
たとえばメールアドレスのリストを使ってメルマガを配信した場合、開封率（メールを開いて読まれる率）は約20％とされている。
つまり、100人に送っても20人しか読んでくれていないってことだ！
それと比べてLINE公式の場合、**開封率は90％以上**と言われている。だからその分、売上に繋がるスピードもかなり速くなるんだよ！

1つ疑問が湧いたのですが、LINE公式では、メッセージを送る以外に、何ができるんですか？

LINE公式でできることは、

- 登録してくれた人全員に対しての一斉送信
- アクション※をしてくれた人との一対一でのメッセージのやり取り

（※登録してくれた人がスタンプやメッセージを送ること）

などだよ。

一斉送信と一対一のやりとり、両方できるんですね！

そうなんだ。LINE公式はかなり便利なツールと言えるね！
お客様が、はじめくんの商品に興味がある場合、LINE公式で直接や

5
販売と集客

り取りを行って、商品説明をしたり、個別面談などのアポイントを決めることもできるんだ！

　それは、すごく便利ですね!!　早く試してみたいです！

LINE公式のリストの集め方（友だち登録）とは？

はじめくんが今、何を言いたいのかを当ててあげよう！
「リストの大切さ、すごさと、LINE公式に友だちを集めることが必要だってことまではわかりました。でも、どう集めたらいいんですか？」じゃないかな？

何で僕の心が読めるんですか……(怖)。

はじめくんの考えることは大体わかってきたよ (笑)。
さて、冗談はさておき、どうやって集めるかについて説明するね！

(さすが先生だなー) はい！　お願いします！

さっきはじめくんもいくつかのLINE公式のアカウントに友だち登録してるってことだったけど、どんな理由で登録したのが多いかな？

LINEを確認してみますね……。
う〜ん……。ほとんどが**クーポンや割引目的で登録している**かもしれません。あとは一部、**その人やその商品などの最新情報が欲しくて登録してます**。恋愛講座の講師の方のLINE公式にも登録していますよ。

いいね。そこに答えが出ているね!!
LINE公式に登録（友だち追加）してもらう方法はいっぱいあるけれど、一番簡単な方法は、「**お客様が喜ぶプレゼント**」を用意すること。プレゼントを受け取ってもらう方法として、LINE公式に友だち追加してもらうんだ。
これが一番効果的なリストの集め方だよ！

お客様が喜ぶプレゼントって、さっき僕が言ったような、割引やクーポンのようなものですか？

 飲食店など店舗がある場合は、クーポンをプレゼントにすることで、実際に店舗へ来てサービスを受けていただくことになるから、集客にはかなり有効なプレゼントだね！

でも副業をこれから始める人や始めたばかりの人の場合、自分の商品やサービスの割引特典を配ったところで、見込み客となる人にはその特典を受け取る理由がない＝魅力を感じないかもしれないよね。

リストには、これからお客様になる可能性がある人に、できるだけたくさん登録してもらう必要がある。なぜならリストは、登録してくれた人に情報を発信して、少しずつはじめくん自身や商品・サービスを知ってもらうことで、実際にお客様になってもらうものだからね。

だから必要なのは、お客様に喜んでもらえるよう、**ノウハウやテクニックなどの"お客様が知りたいと思う情報"**を、**動画やパワーポイント、小冊子、PDFファイル、チェックシート、音声**などにまとめて、いつでも無料で受け取れるように設定しておくこと。

たとえば、女性との会話が苦手な男性が、SNSでたまたま「女性と仲良くなれる会話術」という投稿を見つけて、そのアカウントの他の投稿やプロフィールを確認する。そのプロフィール欄に、LINE公式に登録した人には、特典である**「セリフをそのまま話すだけ!!　女性がどんどんあなたに好意を抱く会話テンプレート5選」**を無料でプレゼントすると書いてあったら、興味がある人は登録してくれると思わないかい？

 確かに、それなら欲しいって人がたくさんいると思います。

 今の例のように「お客様が喜ぶプレゼント」を無料のLINE公式の登

録特典として作ることで、リストを集めることができるようになるんだ。
あとはフォロワーが増えれば、登録してくれる人も自然と増えてくるようになるよ！

 SNSを使っての集客が少しずつイメージできてきました！

 よし、いい感じだね！　では、今日はここまでにしようか。

 SNSでの発信、まずは、始めてみます！

 その調子だね！　SNSをビジネス視点で見る時間が長くなればなるほど、思考回路がどんどん活性化されて、僕が伝えていることがより鮮明に理解できるようになるよ。だから時間を作っていろいろ見てみよう！
今日の宿題は、「自分のLINE公式に登録してもらうためのプレゼント」を考えてみることだよ。

 わかりました！　やってみます!!

 では、気をつけて帰るんだよー！

 では、先生！　今日もありがとうございました。

5
販売と集客

5 時間目まとめ

☐ SNS は検索機能としても活用されている

☐ SNS 集客は 7 つのポイントを意識する

☐ お客様に求められる
SNS アカウントを作ろう！

☐ 成功を加速させる
「リスト獲得」をマスターしよう！

6 時間目

LINEの
ステップ配信で
「気づけば売れてる！」

6時間目は、ビジネスを圧倒的に加速させるLINEのステップ機能について解説します。この機能を使えば、あなたが寝ているときも、遊んでいるときも、お客様に自動でメッセージが送られます。心強い機能なので、ぜひマスターしましょう！

LINEのステップ配信と、その有効性

 はじめくん、今日もよろしくね！

 はい！　よろしくお願いします！

 では、前回は、SNSでの発信のコツについて、重点的にお伝えした
けど進捗状況はどんな感じかな？

 はい！　まずはInstagramのアカウントのプロフィールを整えまし
た。その後、先生に教えてもらったように、質を高めて、興味を持っ
てもらえるように、他の人を参考にしながらCanvaで画像を作ってみ
て4個の投稿ができました！

 うん！　素晴らしい行動力だね！
では、**LINE公式の無料プレゼント**は考えてみたかな？

 はい！　タイトルも考えてみました!!
「会社の上司に言われた仕事を爆速でこなして評価が上がる仕事術」
「本当にPC作業が半分になる今すぐできる初期設定」というのを作
ろうと思うのですが、どうでしょうか？

 2つともなかなかいいタイトルだね！

 本当ですか？　ありがとうございます！　また作ってみます！

 いいね！　さて、今日お伝えするのは、**はじめくんが働かなくても、
勝手に売上を作れるしくみ**だよ。

ええええ！　そんな魔法みたいな裏技があるんですか？

実はあるんだ。その魔法とは、**LINE公式の「ステップ配信」という機能をフル活用していく**ことなんだ。

ステップ配信って何ですか？

ステップ配信っていうのは、**あらかじめ用意しておいたメッセージを任意の順序とタイミングで、自動的に配信する機能**のことだよ。

自動で送れるって便利ですね！

ステップ配信の機能を活用すれば、必ず**伝えたいメッセージを伝えたいタイミングで届けることができる。**

たとえば、ステップ機能を使っていなかった場合。はじめくんのLINE公式には、既に友だちになっている人が30人いて、その人たち全員に、ある日、はじめくんがどんな人なのかの自己紹介を配信したとするよね。

でも、配信したその日以降に新しく友だち登録してくれた人には、はじめくんの自己紹介はもちろん届かないよね。

確かにそうなりますね。

でも、配信した日以降に登録してくれた人にも、はじめくんの自己紹介は読んでもらいたいよね。

もちろん、せっかく書いたんですから読んでもらいたいです！

では、自己紹介を配信した2日後に登録者が35人になったとして、

6
LINE配信

また自己紹介の配信をしたとしよう。

はい。え？　30人には既に送っているから、その人たちには同じ配信が2回流れてしまうってことでしょうか？

そうなるね！

ちょっと……、登録している側からしたらそれは嫌ですね！

だよね。登録者みんなに自己紹介を送りたい場合、登録が増える度に、自己紹介を送ることになってしまうね……。

それは送るほうも、受け取るほうも地獄です……。

そうだよね。**何度も同じメッセージが流れてくると、ブロックしたくなる人も多い**だろうね。

そう思います！　僕でも、そうします！

最初に自己紹介を送って、その次には、はじめくんがなぜこの仕事をしようと思ったか、というエピソードを伝えて、さらにその次は、お客様の成果を配信しようと考えていた。
でもその段階で、初めて友だち登録してくれた人は、はじめくんの自己紹介も仕事を始めたきっかけとなるエピソードも知らないまま、いきなりお客様の成果が送られくることになってしまう。
それだと、何を言っているのかチンプンカンプンだよね？

そうなったら、僕はそのLINEを見なくなるかもしれないです。

そう。だから、事前にLINEの友だち追加してくれた人に必ず伝えた

いことや、見てほしいものを**ステップ化**しておくんだよ。

あらかじめメッセージを作って設定しておけば、登録してくれた人へ、届けたいタイミング、届けたい順番で配信してくれる。それがステップ配信のすごくいいところだね！

ステップ配信のしくみ

それはすごくありがたいです！

これを活用して、はじめくんの個別無料相談やスキルシェアサービスへの申し込みに繋がったら、すごくいいよね。

まさに、自分で動かなくても売上に繋がるしくみが作れるってことですね！

そういうことなんだ。

ステップ機能のいいところは、自動で売上に繋げられるだけでなく、自動でファン化、価値の提供、価値観の共有などもできるから、最終的に**お客様がはじめくんのサービスを選んでくれる可能性がすごくアップ**するってことだよ！

ただし**ステップ配信を作ったからと言って、必ずすぐに売上が上がるとは限らない**ってことは、頭に入れておいてほしい。

6
LINE配信

177

え、そうなんですか。ステップ配信で、ガンガン売れるんだと思ってました……。それを聞かずにステップ配信を作っていたら、1人も集客できなくてショック……、ってことになっていたかもしれないですね……。でも、ステップ配信自体の効果は、すごく高いってことですよね！

その通り。"作るだけ"で、**将来的に売上を上げてくれる優秀なマシーン**になると思ってくれ！

でも、そんな優秀な機能は使用料が結構かかるんじゃないですか？

そう思うよね。でもこれは、**LINE公式の使用料のみで使うことができる機能**なんだ。追加料金は一切かからないんだよ。

それも月に200通までの配信ならLINE公式の使用料は無料だから、安心だ（LINE公式のプランや料金設定は、その都度アップデートや変更があるので公式マニュアルでご確認ください）。

ええ!?　本当ですか！　それはすごいですね！　ぜひ有効活用したいと思います！

このあと一緒にステップ配信の設定をやってみるから、まずは**LINE公式アカウントに登録しよう。**

（LINE公式／登録の仕方と検索するとマニュアルが出てくるので、それを見ながら登録してみよう）

ステップ配信の設定方法

まずLINE公式のステップ配信機能の使い方を簡単に説明するね。

はい、お願いします!

まずは、【①ホームのサイドバーの「ステップ配信」を選択】する。するとステップ配信の設定画面になるから、【②画面右側の「新規メッセージを作成」ボタンを押す】。

　次に、【③基本設定を変更する】。基本設定のタイトルは、自分が管理しやすいようにわかりやすい名前にしよう。タイムゾーンは初期のまま、有効期限は設定しなくてOK。配信数の上限も設定なし※で大丈夫だ。

(※配信数の上限を超えると追加料金がかかる場合もあるので注意)

基本設定、完了しました。下のほうにメッセージ設定があります。

最初に表示される「友だちを追加」を選択して、そのまま保存。
続いて、【④ステップを追加→「メッセージを配信」を選択】する。すると、「1日後」と「メッセージ配信」という項目が増える。今回は、登録してくれた見込み客との接触頻度を多めにしたいので、すべて「1日後」で設定するよ。

全部1日後ってことは、**毎日メッセージが届く**ってことですね。

そうだね。最初に高頻度で配信すると見てもらいやすくなるよ!
次は、「メッセージ配信」を押す。するとメッセージ編集画面が表示されるんだけど、ここで設定するメッセージは、1日後に送られる

6
LINE配信

179

メッセージになるよ。

メッセージラベルは、管理用のタイトルでOK。

配信時間も指定はしなくていいので、初期の10〜20時のままで問題ないよ。

もし見込み客の活動時間に合わせたい場合は、**朝（7〜10時）、昼（11〜13時）、夜（20〜23時）のどれか1つ、3時間くらいの時間の幅を持たせて設定**してね。

ピッタリ○時に配信って指定するわけじゃないんですね。

そうなんだ。これには理由があって、LINE公式の解説に、「配信数が多い場合など、指定された時間にすべてのメッセージを配信できないことがあります。その場合、配信できなかったメッセージは次の日の同じ時間帯に配信されます（LINE公式より引用）」とある。

要は、**配信時間を極端に短く設定すると、当日送れない可能性がある**ってこと。

だから、配信時間の幅を3時間程度に設定してるんだよ。

じゃあ、次は「メッセージ」って表示されている部分に、配信したいメッセージを書き込むよ。とりあえず、**「テスト」と入れて保存してみよう**か。

……テ、ス、ト……っと。はい、できました。

保存を押すとメッセージ設定の画面に戻るから、次は「メッセージ」と「完了」の間にカーソルを持っていく。そして**【⑤「＋ボタン」を選択して再度メッセージ配信を選択】**しよう。

おお！　ステップのメッセージが追加されました。

こうやってメッセージを追加して設定することができるよ。

設定できました！　……ありがとうございます……。
…………。
……きっと、先生ならもうわかっていると思いますが……。

 「ステップ配信のメッセージで何を配信すればいいんでしょうか？」
だよね？（笑）

 さすが先生!!　お願いします！

 （笑）。では、続けて解説しよう！

 はい！

では、ステップ配信で何を伝えればいいかについて話していくね。

はい！

でははじめくん。はじめくんが商品やサービスを買いたくなるときってどんなときだろうか？　正解不正解は関係ないから、思いついたものを全部言ってみて！

うーん……。「自分に必要だと思った」「成果が出ている人がたくさんいる（販売する人の成果が出ている）」「評価や口コミがいい」「自分にぴったりだと感じた」「商品サービスの質がいいと感じた」「販売する人をリスペクトしている」「販売する人がいつもいい情報をくれる」「機能がすごくいい」「ステータス感がある」「みんな使っている」「インフルエンサーが紹介していた」……。
こんな感じでしょうか。

いいね！　いろいろなきっかけや理由で、物やサービスが欲しくなるときがあるよね！

はい！　本当にいろんなものを想像して考えてみました！

では、はじめくんが出してくれた内容をまとめると、
次の**4つに分類**されるね。これは、はじめくんが挙げてくれたものだけに限らず、一般的にも同じように分類できるよ。
ということで、商品やサービスは、この4つの項目さえ満たしていけば、見込み客に興味を持ってもらうことができるよ。

> **図** **欲しくなる商品にする
> 4つのポイント**
>
> **①** 販売者の信頼度が高い
> **②** 商品やサービスの質が高い
> **③** 評価や口コミの信頼度が高い
> **④** 自分に合っていると感じる（直感含め）

なるほど！　それぞれもう少し詳しく教えてもらえますか？

そうだね。①「**販売者の信頼度が高い**」は、販売している個人や企業を信頼できるかどうかだ。

たとえば、販売している個人や企業に、実績・経歴・輝かしい過去はあるか、いい人なのか尊敬できるかどうか、自分と相性が良さそうか、大きな企業なのか、どんな想いを持って仕事をしているか、どんなビジョンを掲げているか、どんな人が推薦してくれているのかなどが挙げられるね。

確かに、変な人からは買いたくないです。

②「**商品やサービスの質が高い**」は、いかにその商品やサービスを信用できるかということ。

どうやってその商品やサービスができたのか、できるまでに（身につけるまでに）どれだけの時間とお金がかかったか、どんな素材を使っているか、実際の効果・効能・成果・結果はどんなものか、それを使うとどうなるか、技術力が高いかなどが挙げられるよ。

確かに、商品サービスの質が高いと感じれば、価格が少し高かったと

してもいいなと思いますね。

そうだよね。高級ブランドや外国車なんて、まさしくその例だね！
では、次に③「評価や口コミの信頼度が高い」について。
これは、もう言わなくてもわかると思うけど、**周りの評価や実際に購入・体験をした人のリアルな体験談は、すごく大切**だ。
また、世間からの評価や権威ある人の推薦なども、効力がすごく強いよね。
まだまだ、「○○（有名な人）がオススメ！」という言葉があるだけで、飛ぶように売れる世の中でもあるからね！

確かに……、本の帯などに有名な人の推薦文や写真が掲載されていると、自分はすごく気になります。

そういうことだね！
では最後、④「**自分に合っていると感じる（直感含め）**」だね。
今まで繰り返し伝えてきたように、「お客様は自分自身にしか興味がない」わけだから、「こんなあなたがこうなれる」「こんな悩みを抱えている人がこうなれた」「こんな状況の人にはこんな未来がある」というように、**見込み客がメリットだと感じるようなことを、きちんと何度も伝えることが必要**なんだ。
それによって、見込み客は「自分にピッタリだ！　必要だ！」と感じられるようになるんだよ。

確かに、この①から④は、すごく強力ですね！　本当に魔法のようなキーワードです！

そこまで褒めてくれるなんて光栄だよ。ありがとう！
では、この4つをどう配信するかについて、レクチャーするね。今回は、**9通のメッセージを9日間に分けて送ることを想定し**

たサンプルを紹介しながら解説するね。

 たった9通でいいんですか？

 最初にも伝えたように、ステップ配信が売上に繋がることは、もちろん嬉しいことだよね。
でも本当は、**伝えたい情報を何度も送らないよう、凝縮して伝えることが、将来の売上アップに繋がる**んだ。

 わかりました。

 そして、今回お伝えする9通のメッセージは、簡単に再現できるように極力シンプルにしてある。だから、**自分でどんどん改善したり、ブラッシュアップして使ってほしい。**
たとえば、今回はメッセージ（文章）のみの方法を伝えているけれど、画像や動画を使ったり、通数を増やしたりすると、さらに効果は高くなるよ。

 ブラッシュアップ……。僕が自分でできますか……？

 大丈夫。まずは基本の9つのメッセージをしっかり進めれば、いずれ自分でブラッシュアップできるようになるよ。
じゃあ、メッセージの中身を紹介していくね。

 はい！　お願いします！

6
LINE配信

自動LINEステップ

❶通目

友だち追加時のプレゼント配布と簡単な挨拶

❷通目

プレゼントのリマインドと自己紹介（1日後）

❸通目

追加の価値提供と成功事例を共有する（2日後）

❹通目

プレゼントの再リマインドと自分のストーリーの公開（3日後）

❺通目

具体的な自分の仕事内容について（4日後）

❻通目

相談ができることをほのめかす（5日後）

❼通目

募集のご案内を送る（6日後）

❽通目

定員まであとわずかであることを伝える（7日後）

❾通目

終了の案内（8日後）

1通目 友だち追加時のプレゼント配布と簡単な挨拶

 まずは、友だち追加のときの挨拶文を作ろう。ホームにあるサイドバーのトークルーム管理から、あいさつメッセージを選択して文章を作っていくよ。
あいさつメッセージに必要なのは、次の要素。

- 友だち追加の感謝の挨拶
- 自分の名前
- このLINEでどんな情報を配信していくのか
- プレゼントの受け渡し（受け取りのためのURLを記載することが多い）
- 締めの言葉

これら5つの要素で、今紹介した流れに沿って作ればOKだよ!

 最初のあいさつメッセージでプレゼントを渡すんですね。確かにプレゼント目的で友だち追加していたら、早くもらいたいですもんね!

 そうなんだ。約束しているし最初に渡すことが大切だね。

6
LINE配信

187

あいさつメッセージの次、2通目のメッセージは、**翌日に届ける**よ。内容は配布したプレゼントを見てもらうためのリマインドだ。そのときに**自己紹介も一緒にしていこう**ね。

リマインドを送る理由は、プレゼントが欲しくて登録していても、忙しくてついつい後回しして忘れてしまう人が多いから。リマインドしてあげることで、他のLINEメッセージで埋もれてしまわないようにするんだ。

2通目のメッセージの内容は、次のような流れになるよ。

- 前日受け取ったプレゼントを見てくれているかのリマインド
- 詳しい自己紹介
- 自分が運営する他のSNSアカウントの紹介など

 確かに、LINEを見ているときに、他のLINEが来てしまって、そっちをタップしたら、前に見ていたLINEのことを忘れちゃうことって結構あります。

記憶が新しいうちに、リマインドと自己紹介をすることで、より覚えてもらいやすくなるってことですね！

 その通り。みんなすぐ他のことに夢中になってしまうから、リマインドはすごく大切だね。

3通目 追加の価値提供と成功事例を 共有する（2日後）

 次は、さらにお客様に喜んでもらう作戦を実行していくよ。ここでは2つのパターンを紹介するね。

1つ目は、**プレゼントをより効果的に使うための情報**をお伝えすること。

2つ目は、**最初のプレゼントに関連するプレゼントをさらに渡す**こと。

たとえば、「たった30日で毎月スルスル1キロ痩せていくラク痩せ脳のしくみPDF」で、考え方や全体像を伝えたあとに、「スムーズにダイエットできる簡単レシピを5つ公開!」のように、プレゼントに関連した、欲しいと思ってもらえるプレゼントを渡す。

まずは1つだけで大丈夫だから、時間があれば追加のプレゼントも作ってみて。

次に**過去のお客様の成功事例や、自分の成功事例の共有**

をしよう。これを伝えることで、お客様も自分の未来を想像しやすくなり、より興味を持ってもらいやすくなるよ。

流れとしては、次のようになるよ。

- 追加の価値提供のプレゼント（orプレゼントの補足、活用事例）
- 過去のお客様の成功事例（or自分の成功事例）

 成功事例を共有してもらえると、「自分もそうなれるのかな」「がんばってみようかな」という気持ちになれそうですね!

 そうだね。見込み客に「これからは、はじめくんのLINEが届いたら読むようにしよう!」と思ってもらえる効果もあるよ。

 役に立つ情報は知っておきたいですもんね!

ここでは、2つのプレゼントのリマインド（ない場合は最初のもの）をするよ。

そして、はじめくんが「なぜこの仕事を始めたのか？」「どうやってそれができるようになったのか？」「お客様へどんなお手伝いをしたいのか？」などの自己開示をしていくよ。はじめくんのことを**もっと知ってもらうことで、親近感を覚えてもらうことが目的**だ。

メッセージの流れは、

- プレゼントのリマインド
- なぜこの仕事をするようになったか、などのエピソード
- 自己開示

エピソードを伝えるときに、**失敗したり悩んだりした時点からうまくいくようになった時点までの成功ストーリーとして伝える**といいよ。

確かに、その人の背景が見えると、親近感が湧いて、この人の話を聞きたいとか、安心して任せられるような気持ちになる気がします。

そうだね。背景を伝えておくと、はじめくんのことをちゃんと知ってから購入してくれるから、お客様が**より信頼してくれている可能性も高まる**ね！

では、次にいこう！

5通目 具体的な自分の仕事内容について（4日後）

4通目までのLINEを読んでいる人は、はじめくんに対して「こんな人で、こんなことを教えてくれる人なんだろうな」という何となくのイメージを持ってくれている状態になっているよ。
そこで5通目で伝えたいのは、

- はじめくんがどんな仕事（どんな人にどんなサポート）をしているか
- スキルシェアサービスで行っているセミナーのタイトル

の2つ。これによって、「僕はこんな仕事をしています。こんなサポートができますよ」ということがしっかり伝わると、見込み客に、「あ、お仕事も受けてくれるんだ。1人ひとりの悩みに対応したサポートもあるんだな。セミナーを開催してるんだ」って認識してもらえるようになるよ。
僕たちは見込み客の皆さんに**「知ってくれているだろう。わかってくれているだろう」**と思い込んでしまっていることも少なくないんだ！
だからこそ、少しくどいようだけど、**自分のことや仕事のことを、特に最初はしっかりと伝えていく**ように心がけていこう！
そのためのステップ配信になるよ。

4通目のメッセージもそうでしたけど、5通目でも、さらに僕自身のことを知ってもらうんですね。4通目以上にお願いしたい、相談に乗ってほしいと思ってくれるような気がしました！

うん、それがお客様の正常な深層心理だからね。よく知った人に相談したいよね！　では次にいこう！

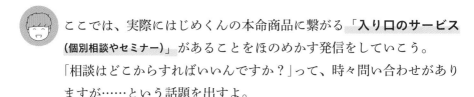

ここでは、実際にはじめくんの本命商品に繋がる**「入り口のサービス（個別相談やセミナー）」**があることをほのめかす発信をしていこう。
「相談はどこからすればいいんですか？」って、時々問い合わせがありますが……という話題を出すよ。

そのフレーズ、聞いたことがある気がします。

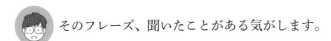

ここは大切な部分になるから、実際のメッセージの事例を、個別相談とセミナーの2つのパターンで紹介するよ。
あとでこれを、はじめくんの場合に置き換えて使ってみて。

【個別相談の募集の場合】

『はじめさんへの相談って
どうすればできるのでしょうか？』

『どこかに申し込みフォームとかはありますか？』
『お仕事って受けてくれたりしますか？』

という連絡や問い合わせが
たまに来ることがあります……。

前回もお話しさせていただいたように
○○のお悩みや、お困りごとをお持ちの方に向けた
○○のサポートがあります。

ただ、実際には
ほとんど告知や募集をしていなくて、

紹介や人づてで、
お仕事をさせていただいております。

でも、せっかくなので、
LINEに登録してくださっている方にも
何か貢献できたらと思っています。

何か喜んでいただけるものを
少し考えさせていただきますね！

また明日連絡させていただきます！

【スキルシェアサービスへ集める場合】

『はじめさんへの相談やセミナー参加って
どうすればできるのでしょうか？
どこかに申し込みフォームとかありますか？』

という連絡や問い合わせが
たまに来ることがあります……。

前回もお話しさせていただいたように
〇〇のお悩みや、お困りごとをお持ちの方に向けた

6

LINE配信

○○のセミナーがあります。

ただ、実際には、リクエスト開催であったり
不定期開催になっております……。

でも、せっかくなので、
LINEに登録してくださっている方にも
何か貢献できたらと思っています。

何か喜んでいただけるものを
少し考えさせていただきますね！

また明日連絡させていただきます！

 すごくわかりやすいです！　ありがとうございます。

 よかった。これは最低限の定型文だから、自分らしい言葉を使うなど、少しアレンジして使ってね。
では次にいくよ。

7通目 募集のご案内を送る（6日後）

7通目は、前日にほのめかした、個別相談やセミナーを募集して、現段階で興味のある人が申し込んでくれるようなステップを作るよ。

【個別相談の募集の場合】

こんにちは！
昨日お伝えした内容なのですが
決めました！

普段はそこまで
募集をしていないのですが

LINEに登録してくれている
皆さんにもできるだけ
貢献していきたいので

────

・○○のお悩みを抱える方が○○になるための相談

・田中に悩み相談したい！

・田中の○○（メインサービス）に関するご相談

・お仕事の相談など

────

これらの個別相談を
今日から3日間限定で

募集しようと思います！

今回限りですが
先着5名様のみ
通常5000円→無料でやらせていただきます！

希望の方は、このLINEのメッセージに
個別相談とお送りください。

その後、
日程調整をさせていただきます！
※先着で終了することご理解お願いします。

いろいろお話しできること
楽しみにしております！

【スキルシェアサービスへ集める場合】

こんにちは！
昨日お伝えした内容なのですが
決めました！

実は何度かお伝えさせていただいていますが
○○のお悩みを抱える方が○○になるための
セミナーを不定期で開催しています！

LINEに登録してくれている

皆さんにも
貢献していきたいので

今日から3日間
このリンクから参加してくださった方は

先着5名様のみですが
セミナー参加後に
○○をプレゼントさせていただきます！
（○○は価値提供のプレゼントや、参加費の50％キャッシュバックなど。
キャッシュバックはAmazonの商品券などをLINEで送付）

よかったらお気軽に
参加してみてくださいね！

※先着で終了することご理解お願いします。

「でも、やっぱりセミナーではなく、
どうしても解決したい悩みがあって
それを直接個別に相談したい！」

という方も
多くいらっしゃいますので

普段行っていないのですが
○○のお悩みを抱える方が○○になるための相談や
○○に関するお悩み相談など

今回だけ特別に……

6

LINE配信

個別相談を先着5名のみ無料で行います！
※通常5,000円

こちらを希望される方は
このLINEのメッセージで
個別相談とお送りください。

よろしくお願いします！

まさに募集メッセージですね！　送るのも緊張しそうです。

この配信メッセージはかなり大切だから、時間をかけて、はじめくんらしさが出るように自分流にアレンジして使ってね。
はじめくんも感じていると思うけど、リサーチ＆モデリングをしていると、個別相談やセミナーの案内がたくさん来るようになるよね。そこから上手だなと感じるメッセージのエッセンスをモデリングして、自分流に置き換えてみるといいかもしれないね！

わかりました。いろいろ見てみます！

8通目 定員まであとわずかであることを伝える

8通目は、「前日のメッセージ配信からの申し込みがあり、申し込み上限まであとわずか、もうすぐ募集期間が終了になる」というご案内をしていこう。

8通目の内容は、

- 昨日募集した個別相談（or特典付きセミナー）ですが、あと数名で終了となります。お見逃しなく！
- ○○といったお悩みを抱えている人、○○になりたい人のお役に立てます！（※○○に自分の言葉を入れよう）
- 申し込みの方法（前日の内容を参考にして記載）

を送ろう。

わかりました!!

9通目 終了の案内（8日後）

 そして最後は、「特別なご案内が本日で終了する」という内容を送ろう！

以上が9通のメッセージのテンプレートだよ。
今回は、個別相談やセミナーへの申し込みを募る内容でステップ化したよね。
もし、**純粋にセミナーだけの集客をしたいなら、ストアカなどのセミナーの申し込みページの内容を小出しにして配信**する、興味づけのパターンなどもあるよ。

慣れてきた場合、1万円くらいの商品やサービスであれば、個別相談を挟まなくても、テキストや動画を使ったステップ配信で興味を持ってもらい購入に繋げることもできるよ。
もし、見込み客が相談したい場合は、LINEのメッセージや直接やり取りをして、時間を合わせZoomなどの、オンライン会議システムなどを使って相談を受け付けることもできるね！
ビジネスに慣れてくれば、いろんなパターンで作ることができるから、試しながら作り込んでいくといいよ。

 ありがとうございます！
書きながら自分だけのステップ配信を完成させてみます！

6時間目まとめ

☐ LINE のステップ機能は、
あなたの代わりに 24 時間働いてくれる
優秀な分身

☐ あなたの商品が欲しくなる情報を、
登録した人に効果的な順番で
送ることができる

☐ ステップ配信は
7 日〜 10 日間くらいで作ってみよう！

6
LINE配信

「欲しい！」を
引き出す
セールス力を
身につける

最後の7時間目では、ビジネスに不可欠な「セールス」についてお伝え
します。見込み客に自分の商品やサービスを喜んで買ってもらうための
一連の流れが理解でき、あなたのセールスに対する考え方が変わります。

先生、実は僕……。営業の仕事をしているんですが、あんまり売り込みや、セールスするのが得意ではなくて……。

 どういうことかな？

 今回のステップ機能で、僕に相談したいと思ってくれた人、興味を持ってくれた人が来てくださったり、お試しの商品が売れたりすると思います……。
でも、実際に個別相談を受けるときに、うまく話せたり、自分が本当に売りたい商品を買ってもらう自信がないんです……(涙)。

 なるほど、そういうことなんだね。営業をやっているはじめくんでも、そうやって悩んでいるわけだから、読者の人はもっと苦手意識を持っているだろうし、悩むだろうね。

 (また読者！) どういうことですか？　先生、いい加減教えてくださいよ！

 特に気にすることではないから、先に進めていこうか！

 (なんなんだ一体……)

セールスとはお客様を幸せにするもの

では、はじめくん。**セールスとはお客様を幸せにするもの**だって言われて、はじめくんは理解できるかい？

いえ、全然できません。むしろお客様を不快にさせてしまうのではないかと、恐怖と申し訳ない気持ちでいっぱいです。

そうなんだね。確かに世の中の**多くの人が「セールス＝不快（嫌なもの）」と感じている**かもしれないね。

本当にそう思います。そして実際に、僕も嫌な経験をたくさんしてきました。

嫌な経験か。たとえば、どんなことがあったのかな？

実は僕、カメラが好きでよく家電量販店に見に行くんですが、あるお店で店員さんがずっと話しかけて来て、新商品をめちゃくちゃオススメしてくるんです!!　それがもう嫌で嫌で。その店には行かなくなりました……。

なるほど。カメラが好きだって、言っていたよね。

そうなんです！

それを聞いて僕が思うのは、その店員さんのセールスが下手なだけだと思うよ。

セールスが下手なだけ？

 そう。セールスはうまい、下手があるってことだね！　これをまず理解してほしいんだ。
下手なセールスをされると、セールスされる側は不快だったり、嫌な気持ちになってしまう。きっとはじめくんの頭の中には「売り込まれた！」という強烈な記憶が残って、それがセールス＝不快という印象に繋がっているんじゃないかな。

 そうかもしれません。

 でも、実際にこれまでカメラや関連商品を購入したときに、店員さんにオススメされて買った経験はなかったかな？

 あ、確かに何度もあります（笑）。

 それはセールスと呼ばないのかな？

 全然セールスっぽくなかったんです！

 それは、はじめくんが「セールス＝売り込み」だと思っているからだね。きっとそのときは、紹介してくれた店員さんに感謝して、またこの人から買いたいとか、一緒に別の商品も買ってみたりとかしているんじゃないかな!?
そんな接客・販売をしてくれる人はセールスが上手なんだって、僕は考えているよ。

 なるほど……。

 今日のセールスの話の冒頭に伝えたことは、覚えているかい？

はい……。わぁぁぁ!!!! セールスって「お客様を幸せにするもの」ですね! 確かに、僕は幸せな気分で感謝しながら商品を買って、それを使うたびに幸せな気持ちに包まれています。

そういうことなんだよ。上手なセールスっていうのは、お客様に感謝されたり、幸せにしたりすることができる。

逆に、下手くそなセールスは、お客様を不快にしてしまう。まずはこれをしっかり覚えてほしい。

考えたことがなかったですが、本当にそうかもしれません! セールスへの考え方が変わりました! 先生、僕も売れるようになりたいです!!

そうだね! では、上手なセールスマンと下手くそなセールスマンの違いについて話していこうか。

お願いします!

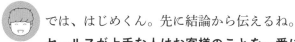
上手なセールスと下手くそなセールスの違いとは？

では、はじめくん。先に結論から伝えるね。
セールスが上手な人はお客様のことを一番に考えている。セールスが下手くそな人は自分のことを一番に考えている。これが結論だよ。

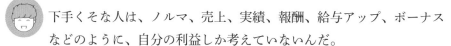
"自分のこと"っていうのは、どういうことでしょうか？

下手くそな人は、ノルマ、売上、実績、報酬、給与アップ、ボーナスなどのように、自分の利益しか考えていないんだ。
意識的に考えていなかったとしても、無意識のうちにその行動をとってしまって、「売らないと、オススメしなきゃ」という気持ちでいっぱいになっているんだ。

確かにそう感じるときもありますし、お恥ずかしながら、僕もそう思っていた節がありました……。

はじめくんは素晴らしいね！　自分のできていないことを自覚できることは、成功していく人に共通する考え方なんだよ。
だから過去は気にせず、「どう改善するか？」を考えていこう！

はい！　ありがとうございます！

話を戻すけど、セールスが上手な人はお客様のことを一番に考えている。だからまず、**お客様のことを理解しようとする**。そうすると必然的に距離が縮まって仲良くなる。そうすると、「お客様がどうなりたいのか？」を把握できるようになる。
そうなったら、お客様が「それ待ってました！　めちゃくちゃ嬉しい

です！」と言ってもらえるような提案も自然とできるようになるんだ。

 確かに、カメラを買ったときに接客してくれた店員さんは、**僕がどんな対象をどんなふうに撮りたいかとか、どんな写真家が好きなのか**など、いろいろと聞いてくれていたように思います。
そして、気になったレンズを試している間に、一緒に使うとすごく僕好みに撮れるレンズフィルターを持ってきて提案してくれました。
それがまさに僕が考えてもいなかった、予想を超える性能のものだったんです！　実はちょっと予算オーバーだったんですが、即決で買ってしまいました。

 その店員さんに出会えたことに感謝だね。
その店員さんは、お客様が望んでいる最高の商品に出会うと、毎日がハッピーになると知っているし、信じているからいい仕事ができているんだね！
そしてお客様を幸せにするために精一杯、仕事をしているんだね！
たとえ、そのときに買わなかったとしても、またそのお店に足を運ぶし、人に紹介したりしないかい？

 その店員さんには、本当に感謝しています。そして確かに、何度も行っていますし、カメラ友だちに紹介もしました。

そこがポイントなんだ。お客様のことを一番に考えていたら、その日に購入を勧めないこともあるかもしれない。するとその日の売上は上がらないけれど、**長期的に見れば売上は伸びる。**

なぜなら、その店員さん目当てで、またお店に行くし、他の人に紹介もする。そして紹介したその人も気に入って、さらに他の人を紹介する……。

こんなふうに、**売れる人はリピートも多いし、紹介も多い**んだ。

確かに……。僕の会社のトップセールスは、新規のお客様への営業に行くことは、もうほぼなくて、「紹介」がすごく多いんです。既存のお客様からも、何度も注文を受けていたりして、すごく仲良くなって仕事をしています。

今の話を聞いたら、その謎が解けました。

よかったよかった！　これではじめくんは、トップセールスの仲間入りだね！

がんばります‼　でも、先生。個別相談のときにお客様のことを一番に考えるのは良くわかったんですが、実際にどういった流れで行えばいいんでしょうか？

わかったよ！　誰でも簡単に実践できることからお伝えしていこうか！

お願いします！

個別相談でのセールスの流れ

 では、はじめくん。個別相談の簡単な流れをお伝えするよ。

 はい!!!!

 個別相談は10個のステップに分けて考えることができるよ。

図　**個別相談のための
10のステップ**

1 挨拶
2 アイスブレイク
3 申し込んでくれた理由や興味を持ってくれたポイントを聞く
4 悩んでいることや困っていること、解決したいことを具体的に聞く
5 解決して将来どうなりたいのか、具体的な目標を聞く
6 悩みの解決のために何をしたか、お金と時間をどのくらいかけたか?
7 お客様のうまくいっていない原因についてフィードバックする
8 成功するための全体像をステップでお伝えする
9 実際に応援したい気持ちを伝え、商品やサービスに興味があるかを聞く
10 興味がある場合は商品やサービスを説明、なければ終了とする

 では、これをそれぞれ簡単に説明するね!

①挨拶
まずは、しっかりと笑顔で挨拶。相手に好意を持って話していこう。

②アイスブレイク

7
セールス

アイスブレイクと言うと馴染みがない言葉かもしれないけど、アイス（＝氷）をブレイクする（＝溶かす）という意味で使われている。緊張をほぐしてお互いに話しやすい雰囲気を作るということなんだ。雑談でも何でもいいから自己紹介がてらお互いの共通点などを探すと、一気に距離が近くなるよ。

③申し込んでくれた理由や興味を持ってくれたポイントを聞く

これはそのままだね！　個別相談に来る方は、きっと何か悩みや困りごとや理由があって来てくれているので、それをきちんとお客様を理解するつもりで聞いていこう。

④悩んでいることや困っていること、解決したいことを具体的に聞く

③の流れから、今悩んでいることや困っていること、解決したいことを具体的に聞いていこう。そもそもはじめくんが、解決できることなのか、お手伝いできそうか、などを判断するためにもたくさんヒアリングしよう。

⑤解決して将来どうなりたいのか、具体的な目標を聞く

そもそもなぜその人は悩んでいて、解決してどうなりたいか、という将来像や目標を詳しく聞いていこう。現状にどんな不満があるかを聞くことで、どうなりたいのかが出てくるケースもあるよ。

⑥悩みの解決のために何をしたか、お金と時間をどのくらいかけたか？

お客様が、その悩みや課題の解決にどれくらい熱心に向き合ってきたのか、どのくらいの時間とお金をかけてきたのかを具体的にしっかり確認しよう。これができていると、最後に自分の商品を提案するときに、やったことがない方法だとわかるので「それは昔やってみたんですがダメでした」などと言われなくなるよ！

⑦お客様のうまくいっていない原因についてフィードバックする

③から⑥までで、お客様にいろんな話を聞かせてもらったうえで、専門家やプロ、もしくはお客様よりも先輩であるはじめくんの立場からフィードバックする。どうすればそのお客様の悩みが解決し、お客様の理想の未来像にたどり着けるのか、お客様も気づいていない根本原因や他の要因となることをお伝えしてあげるんだ。そうやって、やるべきこと、改善すべきこと、学ぶことなどを明確にしてあげよう！

⑧成功するための全体像をステップでお伝えする

上記で伝えたやるべきことなどを、「こんな順番で、こう取り組んでいけばうまくいく」という全体像を伝えることで、お客様が「やれるかも！」「変われるかも！」と思えるように、イメージしやすくすることが重要だよ。

⑨実際に応援したい気持ちを伝え、商品やサービスに興味があるかを聞く

「○○さんが目標を達成するための力になりたい。応援したいんですが、もし、○○さんが、○○（目標や未来）になれるサービスがあるとしたら興味がありますか？」と、実際に応援したい気持ちをお客様に伝え、興味があるかどうかを聞いてみよう。お客様はほしい未来が手に入るなら、話を聞いてみたいはずだよ。

⑩興味がある場合は商品やサービスを説明、なければ終了とする

自分の商品やサービスの詳細を簡単に伝えて、お客様にどうするかを決めてもらおう。興味がある場合は、お支払い方法やお申し込みの手続き、興味がない場合は、そこで終了して感謝と応援のメッセージを伝えよう！

7
セールス

ありがとうございます!!　すごくイメージできました！

まずは実践してみて、結果を見ながら改善していくといいよ。

セールスでつまずいたら、また相談してもいいですか？

もちろんいつでもアドバイスをするよ！

ありがとうございます！　1つ聞きたいんですが、セールスをするときにお客様から"買いたい"と言ってもらえるポイントみたいなものってありますか？

ポイント？　買いたいと言ってもらえるポイントは、次の4つだよ。

（A）お客様の人生を応援する気持ちで話すこと
（B）話す割合を「お客様が8割」になるように意識すること
（C）お客様の現状をしっかり把握しようとすること
（D）最後のほうになるまで自分の商品やサービスについて積極的に話さないこと

まず、**（A）お客様の人生を応援する気持ちで話すこと**。個別相談はセールスや売り込みの場ではなく、**お客様の人生をより良くする場所という意識を常に持つことで、使う言葉、態度、質問の内容、提案の仕方など、全部が変わってくる。**
だからここは最初に意識したいことだね！

僕の人生を応援してくれる人に出会えたら、僕も嬉しいですね！

そうだろう？　ぜひ意識してみてくれ！
次に、**（B）話す割合を「お客様が8割」になるように意識すること。**
これは、セールスや営業のときに、自分のことや話したいこと、伝えたいことをたくさん話す人がいるけど、それはNGで、自分の話ではなく、お客様の話をよく聞いて話してもらうことが大事だってこと。

そこで意識することが、**(C) お客様の現状をしっかり把握しようとすること**、**(D) 最後のほうになるまで自分の商品やサービスについて積極的に話さないこと**。この2つだね!

お客様にたくさん話していただいて、お客様のことをちゃんと知って現状を把握しよう。そして後半になるまでは、聞かれない限り、自分のこと、自分の商品やサービスのことは話さないように意識しよう。中途半端なタイミングで的外れな説明をされると、お客様も興味がなくなってしまうことがあるからね。

この4つを意識すると、個別相談では、いい時間を作ることができると思うよ!

すごくわかりやすかったです。ありがとうございます!
なんか、早く個別相談や営業がしたくなってきました! 今からワクワクしています。

いいことだね。実際にセールスは楽しいものなんだ! お客様の人生について伺えて、それを応援できるって最高な瞬間だと思わないかい?

確かに、本当にそう思います!!

最後に、会話がスムーズに進んで、お客様との信頼関係が作れる簡単な裏技があるんだけど興味あるかい??

ええ! もちろんあります!! 教えてください!

すごく簡単なことなんだけど、会話の中で次の4つを意識して話してほしいんだ。これを意識するだけでお客様がはじめくんに心を開いて話をしてくれるようになるよ。

⑦
セールス

- 興味を持つ
- 尊敬する
- 話を深掘りする
- 褒める

きちんと目の前の人に興味を持って話を聞くこと、そしてすごい部分に尊敬の気持ちを持ちながら、1つひとつの話を深掘りしていくこと。そして、褒められるタイミングがあれば積極的に褒めていくこと。これを意識していると、**どんな人と会話していてもスムーズにいい関係が築ける**から、必ず実践してほしい!!

 4つの裏技、ありがとうございます!　必ずやります!!

 ということではじめくん。ここまでの内容で講義は全部終了だ！
本当にお疲れ様でした。よく最後までついてきてくれたね！

 終わりですか!!　ありがとうございました！　もう最初は、何がなんだかわからなくなって、実は2日目の講義に行くかどうか迷ったくらいです（笑）。
でも、教えていただくうちに楽しくなってきて、気づいたら夢中になっている自分がいました。
何より、サービスを買ってくださった人の感謝のお声やSNSでの交流からも、勇気と元気をもらうことができています！
先生に教えてもらったことを、引き続き実践していこうと思います。
本当にありがとうございました!!
でも、先生。まだいろいろと伺いたい話があるので、質問させてもらってもいいでしょうか？

 もちろんだとも！
このあとのホームルームは質問タイムにしていこうか！

7時間目まとめ

☐ セールスとは、お客様を幸せにする行為

☐ お客様のことを徹底的に考えると
　うまくいく

☐ 個別相談は最初の信頼関係を
　つくるために、アイスブレイクが肝心

☐ ヒアリング次第で相手の反応は変わる

☐ スムーズな会話のコツは「興味を持つ」
　「尊敬する」「話を深掘りをする」「褒める」

7
セールス

よくある質問に
とことん答えます

ホームルームでは、これまでの授業で触れた内容についての補足と、伝
えてこなかった点、副業に関して気になること、疑問をはじめくんと一
緒に解決していきます。

先生。では、1つ目の質問です！

 いきなり取り調べ風だね（笑）。何でもどうぞ！

 始めてみて思ったのですが、うまくいかないことも多いです。うまくいかない時期があったとき、どうやって進めていけばいいのでしょうか？　僕は先生がいてくれたから続けることができていますが、なかなかそういう人ばかりではないと思うので……。

 （もしやはじめくんは、読者の存在に気づいたのか？）
そうだね。むしろ最初に心に留めておいてほしいのは、「**最初から全部うまくいくことなんてない。必ずたくさんの失敗をする。失敗しないなんてありえない**」んだ。

 失敗は成功の母とも言いますもんね！

 そうだね。僕がお伝えした通りにやってみても、うまくいく人もいればうまくいかない人もいる。
それは、その人の能力の違いもあるし、取り組んでいるビジネスの業種や業界の違いもある。能力が大切ってことではなくて、**能力を上げていく努力を続けつつ、リサーチ＆モデリングをしながら、自分のやり方を確立していけばいい**と、僕は思っているよ。
今回は、その考え方や、やり方をお伝えしてきたつもりだよ。

 確かに、純粋に教えてもらうことよりも、自分で考えることのほうが

すごく多かった気がします。

そうなんだ。副業は、自分で考えられないと続けていけない。時代や情勢、世間の流れが変わることで、自分のビジネスも目まぐるしく変わっていく。だから、それに順応していかないといけない。

そのときに、**今回伝えた内容を何度も振り返って、初心に戻って取り組んでみてほしい。**

基本的には、どのように世の中が変わっても対処できるようにお伝えしてきたつもりだよ。

だから、どんどん実践して改善する行動力をつけることが、うまくいく秘訣だね!

それと重要なのは、**完璧主義を手放すこと。**

完璧主義ですか?

そう! 几帳面で真面目な性格の人が多いのが日本人のいいところ。

でも、完璧にしたいあまり、時間をかけすぎる人も少なくない。

一番大切なのは、成果を出すことだよね。

今回、はじめくんに伝えた内容を実践する場合、少なくとも**1、2カ月くらいのスパンで実行して、その結果を元にブラッシュアップをする。**これをどんどん繰り返してほしい。

セミナーのタイトル、SNSのプロフィールや投稿内容、セミナーのやり方……。完璧でなくても全然問題ない。やりながら学んでいけばいいんだ! **30〜50%のできでどんどん進めていく**ことも大切だね!

それは今回すごく痛感しました。先生がどんどんお尻を叩いて先へ促してくれて本当によかったです!

ホームルーム

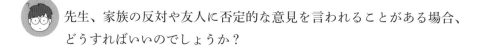

**友人や家族の反対があったり、
否定的な意見を言われます**

先生、家族の反対や友人に否定的な意見を言われることがある場合、
どうすればいいのでしょうか？

はじめくん、それを世の中では**「ドリームキラー」**と言うよ！
ドリームキラーは、「夢を殺す」という意味で、まさしく、「はじめくんの夢が叶うはずない。夢ものがたりだ！」とあきらめる方向に促す
人たちなんだ。

そうなんです。それを言われることがあって少し凹んでいます……。

はじめくんもか。モチベーションが下がってしまうよね。
でも、そんなときこそ、ドリームキラーがなぜ現れるのかを理解して
おけば、落ち込まなくなるよ。

しくみ、ですか？

はじめくん。最初の講義で、世の中の人は「知らない＝怪しい」という考えを持ってしまうという話をしたよね！

はい、覚えています！

はじめくんに叶わないと言った相手は、副業のことに詳しくないんじゃないかな。そんな人に話してしまうと、「知らないこと＝怪しい」
と判断されてしまうんだ。そこまではわかるかい？

周囲の人の場合にも当てはまるんですね。

そこで理解しておきたいのは、家族や友人は、はじめくんを**大切に思うからこそ、良かれと思って反対や否定をしている**ってこと。

 え……、そ、そうなんですか？

 たとえば、はじめくんが自分でビジネスを始めることで、誰かに騙されたり、たくさんのお金を失ったりするんじゃないかと考えて、大変な思いをしないようにと、はじめくんを守ろうとしているだけなんだよ。
だからそんな人がいたら、**心の中で「心配ありがとう！　大好き！」とつぶやいておいて、その話はそこまでにすればいい！**

 先生はそうしているんですね！　僕もそうします!!

 反対されないための一番のコツは、**夢や目標は応援してくれる人以外には言わないこと**だ。達成して成功してから驚かすといいよね。

 確かに、それが一番いいかもしれません。

 既に副業をしている人に、はじめくんが夢を語ったとしたら、その人は僕のように全力ではじめくんを肯定して応援してくれると思うよ！

ホームルーム

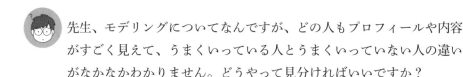

発信の"ココ"を見ると、ビジネスの実態がわかる

先生、モデリングについてなんですが、どの人もプロフィールや内容がすごく見えて、うまくいっている人とうまくいっていない人の違いがなかなかわかりません。どうやって見分ければいいですか？

確かにSNSでは、完成度の高いプロフィールが多いよね。じゃあ、どこを見ればいいのかを教えるね。

まずLINE公式を活用している人なら、友だち登録の人数をチェックしよう。**200人以上の登録**がある人をモデリング対象にするといいね。

それより少ない場合は、ビジネスを始めたばかりかもしれないよ。

確かに、まだ始めたばかりで、うまくいっていない人をモデリングしても意味がないですもんね。

次に意識するところは、**発信の頻度が高いかどうか**だ。発信とは、投稿、ストーリーズ、リール、LINE公式やメルマガの配信のこと。

あまり発信していない人は、今は、力を入れて取り組んでいない可能性が高い。また、すべてのツールの最新投稿が1、2カ月前になっているアカウントはモデリングの対象から外していいよ。

あとは、**お客様の声や成果が定期的に挙がっているのかどうか**も重要だね。実際にサポートをして成果を出せているかも成功するための重要な要素だからね。

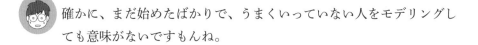

わかりました！

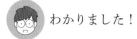

無料で公開されている範囲だけでも稼ぐことはできる？

 YouTubeやSNSには、無料で副業や稼ぎ方の情報を提供している人が多いです。その情報だけを頼りに実際に稼ぐことは可能ですか？

 はじめくん、すごくいい質問だね。結論から言えば、YESだ！
でもそこには、**高い能力を持っていて、たくさんの時間をビジネスに使える場合**という注意書きがついてくるけどね。
実際に稼ぐことはできると思うけど、難しい場合も多いよ。
また、稼いだけど、長く続かない場合も多いんだ。

 そうなんですね。ちなみに、なぜ難しいのでしょうか？

 まず1つ目は、無料の情報の場合、**見ている人にとってのベストなやり方ではない**可能性が高いこと。
たとえば、成功までの道のりが100個あったとしたら、100個すべての道のりが無料で公開されているわけではないと思う。そして成功するまでの正しい道のりが順序正しく紹介されているとは限らないから、何から手をつければいいのかわからない。
あとは人によって言っていることが全く違っていることも多いから、混乱してしまうこともあるんだよね。
もちろん、**時間をかけて毎日コツコツ情報をチェックし、試行錯誤しながら取り組むことも十分にできる**と思うよ。
また、うまくいったときに、なぜうまくいったのかが理解できないんだよね。はじめくんの場合は、今回全体像から学んだから、うまくいく理由もうまくいかない理由も、ある程度考えることができると思う。でも、無料の情報だけで稼げてしまった場合は、**理由の分析ができないから続かない人が多い**んだよ。

ホームルーム

225

自分では、なかなか気づけないことに気づくにはどうしたらいいですか？　今日で、先生から教えてもらえるのは、もう最後です。今後、僕一人でやっていけるのか不安です……。

そうだね。まずは、これまでに学んできたこと、僕とのやりとりや受けた講座、関連する本などを何度も読み返して復習するといいよ。すると必ず、以前は気づかなかったことに気づくと思うから。
それと並行して、日常的に市場リサーチをして、**他の人のSNSの使い方やLINEの配信の仕方を観察したり、うまくいっている人の分析を癖づける**と、自分に足りない部分に気づくヒントになるよ。

確かに、前に先生に教わったことを復習したとき、新たな気づきがあったのを思い出しました！

手っ取り早いのは、**仲間や先輩（先生）を見つける**ことだと思う。どうしても自分で気づけないことはある。考えたこともないことに、自分で気づくのは難しい。
そのときに、仲間と情報交換したり、先輩（先生）からフィードバックをもらうことで、新しい気づきや学びが得られるはずだよ。

先生と仲間の重要性は、痛感しています！　ドリームキラーの話もあって、どの環境に身を置くかを意識するようになりました。

それはすごく大切なことだね。

副業仲間の必要性と見つけ方

 先生、さっき伺った仲間や先輩について、見つけ方を詳しく教えてもらえませんか？

 そうだね。仲間の見つけ方は、目指しているものが似ている人や、先を行く先輩が集まっている場所だね。たとえば**オンラインサロンやコミュニティーに入ってみる**のが1番いいと思うよ。

教えてくれる先生がいて、はじめくんと同じように、月5〜10万円を稼ぎたいと考えているような人が集まるところがいいよ。

なぜなら、人は**自分の周りにいる人が当たり前のようにやっていることを、自分にとっての当たり前だと思い込む傾向がある**からなんだ。

あとは、どんな人と仲間になりたいか、繋がりたいかが最初はわからないこともあるから、**まずは気になったところに入ってみる**こと。無料から月額数千円くらいで入れるものが多いから、いろいろ探してみるといいね。

そして、そのオンラインサロンやコミュニティーに入って、自分に合いそうだと思ったら、**その先生が主催している3カ月〜1年くらいの期間で開催される講座に入ってみる**といい。より成果も出やすいし、自分もがんばろうって刺激をもらえる人と仲良くなれることが多いからね！

お金と時間をかけて、数名から数十名が一緒に同じことを学ぶから、学校みたいな雰囲気を感じられるよ。そのメンバーの中から、いつか一緒に仕事をする人もいるかもしれないし、ビジネスだけでなく、一生の友人や人生のパートナーが見つかることもあるよね。

 いろんな出会いがありそうですね。早速探してみます！

僕は先生に教えてもらえたので、良かったですが、世の中には、ビジネスを教える塾や講座がたくさんありますよね。

どこかでビジネスを学ぼうかなと思ったとき、どこでどんな講座を探したらいいですか？　選んじゃダメなところとか、あるんじゃないかなって思いますけど……。

そうだね。確かに合う、合わないもあるから、基準や選び方を教えるね。入るとなった場合、貴重な時間とお金を使うわけだから、慎重に選んでいこう。

はい。本当にそうですね。

まずは、先ほども伝えたように、**気になった先生が主催するコミュニティーやイベントに参加してみる**こと。そこで先生の人柄や考え方が少しわかるよね。

そして、そこに**集まっている人と仲良くなれそうかどうかもチェック**するポイントだね。そこに来ているような人が、その講座や塾に参加している可能性も高いから、そこで合う合わないの判断ができるよ。

たとえば、はじめくんがワイワイ楽しい雰囲気で学びたいけど、めちゃくちゃスパルタで殺伐とした空気の講座だったら合わないよね。人それぞれ求めているものが違うから、空気感は慎重に選ぼう！

次に、どれくらいの人がその講座や塾でうまくいっているか、つまり**実績を、お客様の声や推薦者の声でチェック**しよう。

自分がやりたいと思っているビジネスと同じような業種でもうまく

いっているかがわかれば、自分にも適した講座かどうかがわかるよね！

はじめくんは、これからExcelのセミナーでビジネスを始めたいのに、美容室や飲食店などの店舗経営をしている人の感想が多い講座だったら、それははじめくんが受講すべき講座じゃないよね。

そして最後に大切なことは、**実際に先生と話せる機会や質問できる機会があるところから選ぶ**こと！　それはイベントでもコミュニティでも、講座に入るときでもそう。

質問や先生との直接交流で、先生の性格や空気感、人柄を確認できるのは、大切なポイントだよ！

 おお！　これだけいろいろと基準があれば、ちゃんと見定めて学びにいけそうですね！

 そうだね。世の中には、副業の方法を教えている人が本当に多くいるから、最初は紹介した基準や選び方を参考にしながら検討していくと、いい先生やいい講座に巡り合えると思うよ！

 ありがとうございます！

50万円の集客システム、100万円の塾…… 1000万円以上を使って見えたもの

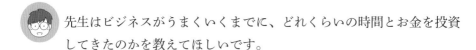 先生はビジネスがうまくいくまでに、どれくらいの時間とお金を投資してきたのかを教えてほしいです。

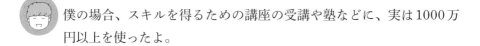 僕の場合、スキルを得るための講座の受講や塾などに、実は1000万円以上を使ったよ。

 え‼ そんなにたくさんの時間とお金を使ってどうでしたか？

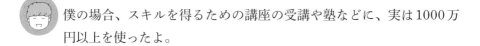 うん。今から考えると使わなくてよかったお金もたくさんあったと思う。でも、そこで出会った仲間や先生がいたからこそ、今の僕がいることは間違いないから、どれも無駄にはなっていないよ。
もしすべての学びやスキル獲得を独学でやっていたら、きっと人生が10回あっても足りないくらいだと思うんだ。それだけ、専門家やその道に詳しく、身につけるために、時間とお金をそこに捧げてきた人から分け与えてもらえる知識やスキルは、本当にありがたいと思っているよ！

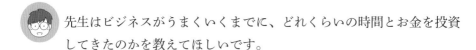 実際にそこまでお金を使うこと、僕だったら怖いですし、そもそもそんなお金はありません……。

 そうだね。でも、僕は決めていることがあるんだ。それは、**自己投資した金額の倍以上は必ず稼ぐ**ってことだよ。

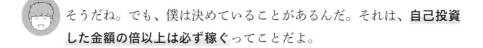 100万円の講座の場合は200万円を稼ぐってことですか？

 そうだね。しかも僕は、できるだけ**講座の受講期間中に稼ぐ**と決めて

いるんだ。すると必然的に「それを達成するにはどうすればいいか」と考えながら受講するから、成長スピードがより速くなる。

そうやって自己投資以上の金額を一度でも稼ぐことができたら、次から自己投資することが怖くなくなるんだよ。お金を増やしながら、新しいスキルや知識を得られる楽しみが感じられると思うよ！

でも、最初はきっと怖いと感じるから自分のできる範囲のところから始めてみよう！

 先生はどんなところからスタートしましたか？

 僕は**本からスタート**したかな。自分のノウハウに本で学んだ内容をプラスして、その方法でいい結果が出せるかモニターを募集したんだ。本は5冊くらい買ったから、6000〜8000円くらいだね。そこで2万円くらいの金額を稼ぐことに成功した。

こんな流れで始めてもいいと思う（本書を読んでいるあなたは、必ずこの本の2倍以上のお金を稼ぐと決めてしっかり実践してほしいです）。

 本からスタートするのも良さそうですね。僕も自分のサービスのクオリティを上げるためにやってみます！

 どの業種の商品サービスでも同じだけど、その**商品サービスに関連する本を10冊も読めばかなり詳しくなる**と思う。僕はダイエットの本を10〜30冊読んで、どんどん取り入れていったよ！

 1冊1冊に専門家の長い経験と知識が詰まっていますもんね。

 そうなんだ。ぜひやってみてくれ！（あ、実際には成果の出せなかった自己投資も最初は100万円くらいあったのは今回内緒にしておこう……笑。読者のみなさんは、どこかでお会いしたときにでも聞いてください）

"捨てないと"幸せになれないもの、"捨てる"ことでより幸せになれるもの

 成功したり、幸せになるためには、どんな考え方で過ごせばいいですか？

 じゃあ、成功している人に共通する考え方を伝えるね。

1つは、**これまでの常識や当たり前を捨てる**こと。常識に囚われていると思考や行動が他の人と変わらない。すると、大きな失敗はないけれど、成功もない。

もう1つは、**もっともっとという欲望を捨てる**こと。これは、欠乏感とも言い換えられるね。「足りない、足りない」と思いながら生きるのはとても苦しいことだと思う。目標を高く持つのはすごくいいことだけど、目の前の幸せを見失ってはいけない。健康な身体、美味しいご飯、家族やパートナーの存在、季節と共に移り変わる風景。すべてに感謝しながら日々を過ごして、幸せを感じられるようになれば、成功に繋がることになるよ。

まだまだ僕も毎日意識しなきゃいけないけど、そういった**小さな幸せを認識する**ことはすごく大切だね！

 忙しいと、忘れがちなことですね。営業での移動中にはスマホばかり見て、せかせかしているし、自宅ではゲームばっかりやっているのでちょっと意識してみます。ありがとうございます！

 とんでもない。みんなで意識しながら豊かになっていこう！

ビジネスが右肩上がりでうまくいくために、本当に大切なこと

最後の質問です。これからビジネスをするにあたり、右肩上がりでうまくいくために大切なことがあれば教えてください！

最後にすごく重要な質問をありがとう。はじめくん自身は、ビジネスを伸ばしていく上で大切なことってなんだと思う？

教わったことから考えると、**リストを集めること**ですか？

それは重要だね。絶対に必要なことだから忘れないように。

他にもありますか？

もちろんあるよ。ここからはスキルやノウハウという視点ではなく、考え方・あり方の話をしていくね。

ビジネスを伸ばしていくうえで大切なことは2つある。

1つは、**人への感謝を忘れない**こと。ビジネスは機械やAIとするわけじゃない。お客様、仲間、先輩、先生……、相手はすべて人間なんだ。どこまでいっても、人を大切にして人に感謝できる人が、生き残っていくんだよ。

人を大切にして感謝し続ければ、成果が出るようになってお客様から感謝され、そこからまたお客様を呼んでくれるようになる。

仲間はいつでも助けてくれたり支えてくれたり、いざとなったときに全力で応援しあえる存在になる。

先生は、ビジネスのステージを引き上げてくれたり、目をかけてくれたり成長のスピードを加速させてくれる手伝いをしてくれる。

それに感謝しながら、僕も他人に、してもらったことと同じようにで

きることが重要だと思っている。

だからはじめくんを紹介してくれたAさんにもすごく感謝している
し、その話を聞いてきてくれたはじめくんにもすごく感謝しているん
だ。

そういった考えを持って行動できるように僕も日々意識しているよ。

 この話を聞けて本当によかったです。僕も先生のように人に感謝でき
る人間になりたいです！

 はじめくんはもう既にできていると思うよ!!

 本当ですか？　嬉しいです！

 そして2つ目が、**現状維持は衰退と考える**こと。世の中はものすごい
スピードで変化している。

新しいSNS、新しい乗り物、新しい電気機器、AI技術、新しいデバイ
ス、新しいバーチャル空間。すべての技術が、瞬く間に成長して世
界を変革しているよね。その中で現状維持をしていたらどんどん取り
残されていってしまう。

だから常に、ビジネスを一歩ずつでも成長させられるように取り組む
ことが、ビジネスを右肩上がりで伸ばすために大切なことなんだ。常
に時代の流れにアンテナを張りながら過ごすことも重要だね。

 先生、わかりました。ありがとうございます！

はじめくんに本当のことを伝える時間

はじめくん。最後にたくさん質問をしてくれて本当によかったよ！ ありがとう！

とんでもないです！　先生のおかげで人生が変わりつつあり、毎日がすごく充実していてとても楽しいです！　本当に感謝しています。

こちらこそありがとう！　はじめくん、実ははじめくんに隠していたことがあって、言わないといけないことがあるんだ。

先生、この授業が本になるってことでしょ!?　もうわかっていますよ！

え、はじめくん、いつの間にそんなに気がつく人になったんだい！（笑）

先生ひどいなー！　だって途中で読者読者って言っているし、僕だけじゃなくてこの本を読んでいるみんなに向けて話していることもありましたもんね！

いつ気がついたんだい？

セールスを教えてもらうあたりからです（笑）。

そうなんだね！　ということで改めてお伝えすると、はじめくんとのこのやりとりが本になって、全国の副業をはじめたい人たちに読んでもらえるようになるんだ！

えっと……。ということは僕の恋愛ベタが全国の人に知れ渡ってしまうんですか？

うん、そうなるね（笑）。

それだけは何としても避けたいですが、なんとかなりませんか？

はじめくん。あきらめてくれ（笑）。

そんなーー。

でも、もしかしたら読者の中からはじめくんのことを好きになってくれる人も出てきたら彼女ができるんじゃないかい？

そ、そんなこともあり得るんですか？

それは、はじめくん次第だね（笑）。ちゃんと今回の学びを活かして継続して成果を出し続けたら、はじめくんをかっこいいと思うファンが増えると思うよ！

先生、僕、がんばりますっ!!

今日まで本当にお疲れ様でした！

お疲れ様でした!!

おわりに

行動する人が結果を手にする

ここまでお読みくださって本当にありがとうございます。

はじめくんと僕との会話形式でお届けした授業はいかがでしたでしょうか？　実際に受講生にお伝えしている内容を、できるだけわかりやすくお届けできるようにしてみました。

何度も繰り返し読んで実践し、あなたの副業のスタートに活かしていただけたら嬉しいです。

また、高額商品のより詳細な販売方法については、前著である『SNS共感起業』（大和出版）でご紹介しています。併せてご参照ください。

ここで少しだけ僕の過去の話をさせてください。

僕は周囲から順風満帆に、トントン拍子でうまくいったと思われている節があるのですが、全くそんなことはありません。

きっと今、本書を読んでくださっている方よりも、環境と条件の悪い中で暮らし、成功を夢見て四苦八苦しながら取り組んでいたように思います。

僕のすべては行動からはじまりました。

女手1つで育ててくれた母に親孝行したい。そう思って学生時代から社長になりたいと、いろんな本を読みました。就職は、「将来の経営者募集」と書いてあった実力主義の会社を選び、在職中には、成果を上げるため販売や営業の勉強を欠かさず、24歳で店長になることができました。店長になると、部下や後輩を育てるため、早朝から出社して毎日勉強に明け暮れました。

その後、自身のダイエットに成功し、たくさんの人から教えてほしいと声を掛けられ、ビジネスを始め、そこから起業を決意。会社をやめ、そこから再スタート。スキルなし、人脈なし、貯金もなしの何もない中、なけなしの1万円で中古のパソコンを買ったのを覚えています。

　高額の自己投資をしても、全く回収できない日々……。毎日泣きそうになりながら、失敗しながら、でもなんとか歩みを止めず、行動を続けてきました。

　僕がなんとかここまでたどり着いたのは、間違いなく、6年間コツコツ、コツコツ、**前を向いて行動し続けた成果**だと思っています。

　本書を手に取ってくださったあなたは、将来への不安を抱えていたり、副業に興味があったのだと思います。どうにかして人生を変えたいとの想いを抱いて、ここまで読んでくださったのではないでしょうか？

　人生を劇的に変える方法は、1つしかありません。

　それは、**行動すること**です。

　人は動くことでしか変われません。

　動かなければ、見える景色は一生同じまま。

　同じような毎日を繰り返しても、人生は何も変わらないのです。

行動しましょう！

　何でもいいんです。まずは今日から、すぐできることから始めてみましょう。なりたい自分に向かって、毎日1つずつ行動すると、人生は変わります。

　それは、僕が保証します。

　あなたは絶対に変われる。

　僕と一緒に、あなたの新しい人生を切り開きましょう。応援しています。またどこかでお会いできることを楽しみにしています。

宮中清貴

【著者紹介】

宮中　清貴（みやなか・きよたか）

●──株式会社ラスディ代表取締社長。ブライダルジュエリーの販売店にて店長を経験。平均単価40万円、即決が難しいと言われる婚約・結婚指輪にもかかわらず、「宮中さんから買いたい」と、その場で次々に成約。成約率が半分以下と言われる業界で常に65％以上を記録。

●──一方で、自身のダイエットの成功体験が周囲の話題になり、Instagramを使ってダイエット手法を発信しはじめたところ、さらなる反響を呼ぶ。ブライダルジュエリー販売店を一身上の都合により退社し、同時にダイエット手法をオンライン講座として事業化。ブライダルジュエリー販売で培ったセールスメソッドをSNSに応用し、顔出しなしで1000人以上のダイエット事業成約を獲得する。8万人のフォロワー（2018年）と、累計8200人以上の顧客リストを集め、会社設立1年目で年商3000万円を達成。現在までで、1億円以上の売上をあげる。

●──現在は、オンラインダイエット事業成功の経験から、数千名の個人や法人を相手に、SNSの活用法や集客方法、セールステクニックなどを伝授。その成果は、ゼロスタートの人でも売上が10万〜5000万円に達するなど、続々と成功者を生み出している。

●──著書に、『「強み」「知識」「顔出し」ナシでも成功できるSNS共感起業』（大和出版）がある。

Facebook　https://www.facebook.com/kiyotaka.miyanaka/

お金も知識も自信もない私に、稼げる副業を教えてください!!

2023年7月3日　　第1刷発行

著　者──宮中　清貴
発行者──齊藤　龍男
発行所──株式会社かんき出版
　　　　　東京都千代田区麴町4-1-4　西脇ビル　〒102-0083
　　　　　電話　営業部：03(3262)8011代　編集部：03(3262)8012代
　　　　　FAX　03(3234)4421　　　　　振替　00100-2-62304
　　　　　http://www.kanki-pub.co.jp/
印刷所──新津印刷株式会社